RÉPLIQUE (1)

DE Me DUPIN,

POUR Me ISAMBERT,

(AUDIENCE DU 27 MARS 1827)

IMPRIMÉE CHEZ BOUCHER, AVEC CETTE ÉPIGRAPHE :

> In civitate nostra docuit, in conservanda civium
> libertate esse privatum neminem.
>
> (..

L'AFFLUENCE des spectateurs n'est pas moins considérable qu'aux précédentes audiences. Les gendarmes de service sont renversés, au moment de l'ouverture des portes, par les citoyens qui se précipitent dans la salle.

Me Dupin a la parole pour répliquer à M. l'avocat-général ; il commence en ces termes :

« Messieurs, le caractère personnel de M. l'avocat-général m'était un sûr garant des ménagemens et de la douceur qu'il apporterait dans une discussion qui, à vrai dire, a moins le caractère d'une accusation que d'une vaste controverse sur un point de législation qu'on s'efforce de présenter comme douteux.

---

(1) Nous avons retranché quelques particularités qui n'appartiennent pas à la défense, et qui tendent à lui ôter le caractère de gravité qu'elle n'a jamais perdu dans la bouche de l'orateur.

Me Dupin a constamment discuté avec beaucoup de logique, et ne s'est occupé que de son client, quoi qu'en ait pu dire l'*Étoile*.

» La cause du pouvoir n'y a rien perdu; c'était le seul moyen de s'insinuer dans les esprits, et de vous montrer qu'en effet le ministère public, étranger à toutes les passions qui menacent Isambert hors de cette enceinte, n'avait pas poursuivi l'homme, mais l'article où il croit apercevoir une teinte de criminalité.

» Je conçois donc que l'on n'ait point interjeté appel à *minimâ*. Ce n'est pas le fisc qu'on veut enrichir, mais le pouvoir qu'on veut doter. Qu'importe la modicité du dispositif en présence de tout ce que les considérans ont de large et d'indéfini? Cent francs seulement d'un côté, et de l'autre un droit illimité de capture et d'arrestation sur tous les citoyens sans exception! La police s'abonnerait volontiers à ce prix, et mon client serait peut-être réconcilié avec elle, si, cédant aux insinuations qu'il en a reçues, il se fût en effet désisté.

» Mais il a pensé que l'appel était de son devoir, et qu'il fallait déférer à la Cour l'étrange sentence rendue par les premiers juges.

» Pourquoi, en effet, acquiescer à une condamnation, même légère, si elle n'est nullement fondée? Le ministère public lui-même, dans sa juste sévérité, n'a-t-il pas adressé de graves reproches à ce jugement? N'a-t-il pas dit (ce sont ses propres termes que j'emprunte au journal *de la Chancellerie*, où ce réquisitoire a été inséré avec recommandation particulière à ceux qui l'avaient *entendu*), n'a-t-il pas dit que « les premiers juges se sont » *égarés* quand ils ont refusé la communication que ré- » clamait Isambert des pièces et documens sur lesquels » ils ont fondé leur jugement. » Sur un article bien plus important, celui du serment des officiers de paix, n'a-

t-il pas dit encore : « *Nous n'approuvons pas* non plus
» en ce point le jugement de première instance. Que
» signifie de dire que rien n'oblige les officiers de paix à
» prêter serment, et que pourtant ils le prêtent ? Le ser-
» ment n'est pas de fait, mais de droit. » Voilà pourtant
le jugement qu'il eût fallu laisser passer en force de *chose
jugée*, et auquel serait venu s'attacher la présomption de
droit que la chose jugée est la vérité même ! Un tel ac-
quiescement de la part d'Isambert eût été à la fois un
mensonge et une lâcheté.

« On a déploré l'éclat fâcheux d'une nouvelle discussion. Un éclat, c'est-à-dire le procès même ; et qui l'a
fait, si ce n'est ceux qui sont au regret de l'avoir com-
mencé ? En quoi d'ailleurs cet éclat est-il donc si fâcheux ?
Une discussion solennelle, sur une question de doctrine
qui intéresse la sûreté de tous les citoyens, agitée, en
termes de droit, devant la première Cour d'appel du
royaume, quand la cause du pouvoir y est défendue par
l'un de ses plus brillans organes, une telle discussion
offrirait du danger ? Ah ! disons plutôt qu'il doit en résulter un bien immense : ceux qui auront suivi ce débat
en seront devenus plus instruits de leurs droits comme
de leurs devoirs ; il serait à désirer que toute la gendarmerie, toute la police eût pu assister à ces débats, et
recueillir un enseignement que viendra compléter l'arrêt
de la Cour.

» Quant à l'esprit de parti, jamais peut-être aucune
question ne lui fut plus étrangère. C'est la cause de tous.
La liberté individuelle est un bien dont la possession
importe même aux plus forts ; car ils ne sont forts qu'a-

près avoir été les plus faibles, et avec la chance de le redevenir. Isambert la défend en termes absolus; il fait ce que les avocats français ont fait dans tous les temps, à toutes les époques (1); et les plus malheureuses ne sont pas celles qui les ont vus moins fidèles aux principes, ni moins ardens à en réclamer l'application.

» L'amour-propre n'est pas davantage le mobile d'Isambert, au point de lui faire rechercher la triste célébrité d'un procès. Sans doute il lui a été permis de vouloir une réputation honorable; c'est le prix de ses immenses travaux; sans cela pense-t-on qu'il les eût entrepris? Étudier les lois, en préparer l'amélioration, défendre ses concitoyens, voilà les succès que peut noblement ambitionner tout avocat. La gloire n'est pas en régie; le monopole n'en est réservé à personne; elle appartient à qui sait s'en saisir; elle est comme ces choses sans maître qui cèdent au premier occupant. Elle est pour les avocats

(1) *Comme Dumoulin*, Isambert a fait, pour M. de Montlosier contre les Jésuites, une consultation très-énergique; il les a de plus combattus à Brest corps à corps, et il est parvenu, avec MM. Bernard, Grivard, Duval, Poulizac, et tout le barreau de Brest, à leur arracher des victimes (voyez sa seconde Consultation, imprimée à Brest le 18 février 1827, dans laquelle il soutient que le cri *à bas les Jésuites* n'est pas criminel). Ce système, condamné à Brest le 12 janvier, a triomphé à Quimper le 15 mars.

Isambert a fait aussi des commentaires sur les lois depuis la restauration, dans lesquels il s'est exprimé avec autant d'indépendance que de force contre les empiètemens du gouvernement sur la puissance législative.

Dumoulin fut aussi persécuté, et pour sa Consultation contre les Jésuites, et pour ses notes sur l'Édit des Petites-Dates, publié par Henri II. Isambert n'a pas éprouvé encore les mêmes persécutions, mais il ne prétend pas au mérite de Dumoulin.

du Roi qui savent allier la modération et le talent dans
le ministère hasardeux de l'accusation; elle est pour le
magistrat qui juge avec indépendance; elle est aussi pour
ceux qui défendent le droit d'autrui; elle est spécialement pour Isambert, qui vient de lire dans la nouvelle
ordonnance pour la Guadeloupe toutes les garanties qu'il
a réclamées pour les hommes de couleur de la Martinique;
elle est pour Isambert, qui, le premier, avait-signalé
l'abrogation de cette loi de 1793, qui trop long-temps a
peuplé les bagnes, et que les conseils de guerre viennent
décidément d'abandonner, après douze années d'une injuste application. Elle sera pour lui dans ce débat, où il
s'est fait le Hambden de la liberté individuelle, et où il
a mérité, en défendant seul les droits de tous, qu'on lui
applique ces paroles de l'orateur romain : *Primus in
civitate docuit, in conservandâ civium libertate esse
privatum neminem.* Il aura montré le premier que lorsqu'il s'agit de défendre la liberté des citoyens, chacun
est homme public, personne n'est homme privé.

» La question que nous agitons est donc bien ardue,
à en juger par cet appareil de livres et d'auteurs, par
cette double pile *d'inquarto* dont l'accusation s'était en-
tourée à la dernière audience, et par cette longue et sub-
tile argumentation dont elle est devenue l'objet. Cela seul
déjà suffirait pour l'absolution de mon client, si, pour
sa défense, il avait besoin d'invoquer le doute, et de se
retrancher dans sa bonne foi. Il pourrait s'appliquer le
mot de ce juge inférieur, qui, traduit au parlement par
suite d'une prise à partie, et voyant les magistrats en
cercle délibérer longuement sur son affaire, s'écria :
» J'étais seul, Messieurs, quand j'ai rendu ma sentence.

» et réunis en grand nombre, vous vous trouvez vous-
» mêmes embarrassés ! » Il fut acquitté tout d'une voix.

» Ici de plus puissans motifs commandent l'acquittement d'Isambert; il a pour lui la vérité, les principes et
la loi, et c'est par la vérité, la loi et les principes qu'il
doit gagner son procès.

» Oui, *la loi*; car dans cette matière où l'accusation
est de *désobéissance à la loi*, c'est la loi seule que j'invoque, c'est son règne seul que je désire assurer; et je
mets au-devant de ma cause cette belle devise de la
Cour : IN LEGIBUS SALUS, *il n'y a de salut que dans
les lois.*

» Messieurs, le droit public est la sauve-garde de tous
les droits privés; prenons donc la loi fondamentale pour
centre de la discussion; que ce soit notre point de départ
et d'appui avant de remonter plus haut et de descendre
plus bas.

» La Charte (je ne me lasse point de le redire) renferme dans son art. 4 cette solennelle déclaration : « La
» liberté individuelle des Français est solennellement ga-
» rantie : » Voilà le principe sacré; c'est la majeure du
législateur. Et comment est-elle garantie? Le voici ;
« Personne ne pouvant être poursuivi, ni *arrêté*, que
» dans les *cas* prévus par la loi, et dans la forme qu'elle
» prescrit. »

» Cet article est tiré mot à mot de l'article 7 de la
constitution de 1791, que vous a lu M. l'avocat général;
je m'étonne que ce magistrat ait cru trouver dans le surplus de cet article 7 de quoi appuyer sa thèse; en effet,
que dit-il? « Ceux qui sollicitent, expédient, exécutent
» ou font exécuter des ordres arbitraires, doivent être

» *punis;* — Mais tout citoyen, appelé où saisi *en vertu*
» *de la loi*, doit obéir à l'instant; si non il se rend cou-
» pable de résistance. »

  » Ainsi, on y voit bien marquée la différence entre
l'arbitraire et la légalité; l'injonction d'obéissance n'est
que pour ce qui est légal; ce n'est qu'en résistant à la loi
qu'on se rend coupable de résistance. Quant à l'arbitraire, point d'obéissance; loin d'être autorisé par cet article, c'est lui qui doit être *puni*; on peut donc y résister
impunément; et une autre loi, qui pour être de juin 1793
n'en mérite que mieux d'être citée, car elle est protec-
trice d'un droit si évident, qu'à cette époque même on
ne l'a point méconnu; cette loi donc déclare que « *tout*
» *acte* exercé contre un homme hors les cas et selon les
» formes que la loi détermine, est arbitraire et tyrannique,
» (et elle nous enseigne que) celui contre lequel on vou-
» drait l'exécuter par la violence, a le droit de le repous-
» ser par la force. »

  » Tel a été le point de départ d'Isambert; il n'a com-
battu que les *arrestations arbitraires;* il ne conseille la
résistance qu'à ce qu'il regarde comme *illégal*. Cette pro-
position n'est pas une création de la défense; c'est l'article même. Isambert a si peu cherché à fasciner les yeux
de ses conseils, qu'il a fait réimprimer cet article en entier pour le soumettre à leur appréciation : le ministère
public lui en a fait grief en première instance, et le jugement contient même à ce sujet d'inconcevables réserves,
que M. l'avocat-général n'a pas reproduites en la Cour;
mais qui sont là pour attester le fait.

  » C'est donc d'accord avec l'article, qu'après avoir
proclamé et le droit général des magistrats, et le droit

exceptionnel des procureurs du Roi et de leurs auxiliaires légaux, c'est-à-dire de tout ce qui constitue la police judiciaire; après avoir également reconnu le droit qui appartient aux officiers de gendarmerie et aux brigades; me renfermant spécialement dans l'examen du droit des *simples gendarmes* et des *officiers de paix*, j'ai dit, avec Isambert, que hors le cas de flagrant délit et de clameur publique, aucune loi en vigueur ne donnait, ni aux gendarmes isolés, ni aux soi-disant officiers de paix, le droit d'ordonner de leur chef l'arrestation d'un citoyen domicilié, et que, s'ils le faisaient, on pourrait résister au gendarme passivement et à l'agent de police, se disant officier de paix, avec autant de force qu'il en faudrait pour repousser sa violence.

» Que devait donc faire l'accusation ? Me prouver, non par voie d'argumentation, mais par des textes précis (puisque la matière est pénale), que la liberté d'un citoyen peut être *compromise* dans les cas où nous soutenons qu'elle est *garantie*.

» Au lieu de cela, l'habile organe du ministère public m'a répondu, par une distinction théorique entre les arrestations d'une certaine façon et les arrestations d'une autre espèce; entre l'arrestation-capture et l'arrestation-détention, comme si leur effet commun n'était pas toujours de priver un citoyen de sa liberté !

» Il m'a objecté les besoins de la société, les inconvéniens qui résulteraient de l'exécution stricte du Code; si l'on restreignait les arrestations permises au cas des articles 40 et 106; enfin il a prétendu qu'il ne pouvait y avoir de paix à la ville et dans les campagnes, si le droit d'arrestation-capture ne résidait pas indéfiniment entre

les mains de tous ces agens subalternes, auxquels Isambert l'a contesté dans le cas que j'ai précisé.

» Assurément on ne peut être plus divisé. Je soutiens
moi que le droit d'arrestation a des limites quelconques :
celles qui sont assignées par la loi. L'accusation n'en veut
reconnaître aucunes.

» Notez-le bien : aucunes limites; je propose des bornes; elle veut le champ tout entier.

» J'accorde le droit d'arrestation à tout agent, même
de police; à toute personne du peuple, *cuivis è populo;*
dans tous les cas où il y a flagrant délit, ou assimilation
au flagrant délit; *dans tous les cas enfin où une loi
formelle l'aura permis;* par exemple, sur les vagabonds,
gens sans aveu, malfaiteurs, déserteurs; et autres personnes de même sorte qui sont l'objet de dispositions
spéciales; et il est évident qu'on n'est pas satisfait de cette
concession; qu'on veut pouvoir arrêter, même ceux qui
ne sont pas coupables de flagrant délit, même ceux qu'aucune clameur ne poursuit, même ceux qui sont domiciliés; c'est-à-dire arrêter qui l'on voudra, sans ordre ni
permission du juge, par cela seul qu'un gendarme isolé,
ou un officier de paix en aura la fantaisie, de son propre
mouvement, ou par secrète recommandation.

» Laquelle des deux thèses est la vraie ? Il vous faudra
choisir.

» Pour établir la mienne, Messieurs, voici le plan que
je me propose de suivre : 1° La distinction objectée entre
les deux espèces d'arrestations est futile! toute arrestation est une atteinte à la liberté individuelle garantie par
la Charte; 2° Y eût-il lieu de les distinguer sous certains
rapports, qui ne sont pas ceux de l'accusation, il serait

toujours vrai que l'arrestation-capture, non plus que toute autre arrestation, ne peut avoir lieu que dans les cas et dans les formes déterminées par la loi; 3° Enfin, après avoir suivi l'accusation sur ce terrain, et la ramenant à ses premiers termes, je démontrerai que ces cas se bornent au flagrant délit, et que, hors ces cas, les gendarmes et les officiers de paix, non porteurs de mandat du juge, n'ont pas le droit indéfini qu'on s'efforce de leur attribuer contre les domiciliés.

» Et d'abord, la distinction qu'on veut faire entre les diverses espèces d'arrestation est-elle fondée ? Je ne le pense pas.

» La Charte tranche toute difficulté sur ce point, puisqu'elle défend en général d'*arrêter* hors les cas prévus par la loi et sans les formes qu'elle prescrit. Elle ne distingue pas; nous ne devons donc pas distinguer non plus entre les diverses espèces d'arrestation. *Nam ubi lex non distinguit, nec nos distinguere debemus.*

» Cependant on veut donner au mot *arrêter* un sens restreint, pour ne lui faire signifier que la mise en état d'arrestation prononcée par le juge, et l'on soutient que ce mot ne peut pas s'appliquer à l'arrestation qui a seulement pour objet de *saisir* les individus et de les conduire devant le magistrat.

» Ainsi l'équivoque roulerait sur la définition grammaticale des mots *saisir* et *arrêter*.

» Cet argument, j'ose le dire, est des plus futiles, surtout en matière aussi grave.

» S'il s'agissait de mots que les lois elles-mêmes eussent pris soin de définir, et dont le sens légal fût fixé de manière à être bien sûr que le législateur, en employant chacun de ses mots, y a attaché uniquement le sens de sa définition, l'argument serait proposable.

» Ainsi le Code pénal, art. 1er, ayant défini les *contraventions*, les *délits* et les *crimes*, par le degré de pénalité, et leur ayant ainsi assigné des caractères propres, on peut bien affirmer que partout où le législateur aura placé le mot *contravention*, il n'aura pas voulu parler d'un *crime*.

» Mais en est-il de même des mots que le législateur n'a pas jugé à propos de définir? Non.

» Ces mots restent alors dans le domaine de la grammaire, et reçoivent leur acception de l'usage.

» Il serait périlleux d'en circonscrire la signification par des définitions, et les lois elles-mêmes nous avertissent de ce danger : *Omnis definitio in jure periculosa est; parùm est enim ut subverti non possit.* Il faut peu de chose pour en détourner le sens, surtout quand il s'agit d'un mot qui a tant de synonymes, *saisir, arrêter, capturer, emprisonner, incarcérer* ; et quand on voit non-seulement les dictionnaires et les gens du monde, mais les auteurs de droit et les législateurs employer indifféremment ces mots l'un pour l'autre ; surtout enfin lorsqu'il s'agit d'une nomenclature criminelle, dont le système a changé tant de fois, depuis Jousse qu'on nous cite pour dire que sous l'ordonnance de 1670, la *capture* ne faisait pas le prisonnier, jusqu'en 1808, en traversant les Codes de 1791 et de l'an IV. Et c'est cependant avec des mots empruntés, pêle-mêle, à toutes ces législations (ancienne, intermédiaire, nouvelle), mots à l'aide desquels on a produit une merveilleuse confusion, qu'on veut induire avec certitude que saisir est autre chose

qu'arrêter, et arrêter autre chose que saisir ou appréhender au corps.

« Je le dis avec Bacon, il est dur, Messieurs, de tour-
menter la langue des lois pour en exprimer des théo-
rèmes d'accusation : *Durum est torquere leges ad hoc ut
torqueant homines.*

» Cependant, je veux montrer à mon adversaire le respect que j'ai pour ses objections, par le soin même que
j'ai mis à les vérifier, autant toutefois que me l'a permis
la cruelle nécessité, où vous m'avez vu, de plaider devant
vous tous les jours depuis mardi.

» Et d'abord, si j'ouvre le code de la langue française,
le dictionnaire de l'Académie, au mot *arrestation*, j'y
lit ce qui suit : » *Arrestation*, l'action d'arrêter quel-
» qu'un, de l'empêcher de continuer une route. » Voilà
un sens bien général. « Il signifie aussi prise de corps,
» action d'appréhender au corps. » Il est donc bien syno-
» nyme de *saisir*. Ce n'est pas tout. Il signifie *aussi* l'état
» de celui qui est arrêté ; *il est en état d'arrestation.* »

» Ainsi ce mot a plusieurs acceptions : il exprime le
fait de la capture aussi bien que l'état d'arrestation.

» Préférez-vous un dictionnaire de jurisprudence ? le
Répertoire, au mot *arrestation*, définit arrêter par saisir :
» ARRESTATION, c'est l'action d'*arrêter*, de *saisir* une
chose ou une personne. » *Saisir* n'est donc autre chose
qu'*arrêter*.

» Le seul article, d'où M. l'avocat-général ait pu induire sa distinction, est l'art. 10, au chap. V, de la constitution de 1791, reproduit par l'art. 222 de la constitution de l'an III, où il est dit : « Nul ne peut être *saisi*
» que pour être conduit devant l'officier de police ; et

(15)

» nul ne peut être *mis en arrestation* ou *détenu* qu'en
» vertu d'un mandat des officiers de police, etc. »

» Dans cet article, en effet, *saisi* et mis *en état d'arrestation*, semblent placés en opposition; mais c'est un
accident de langage, et non un fait exprès (1). On a varié
l'expression (car les rédacteurs des lois ont aussi leur co-
quetterie de rédaction); mais sans y attacher les conséquences qu'on a essayé d'en tirer pour l'accusation actuelle. Et la preuve, c'est que dans toute la législation de
cette même époque, on voit le mot *arrestation* employé
précisément pour exprimer la simple *saisie* de la personne, pour la conduire devant le magistrat.

» Ainsi dans la loi du 29 septembre 1791, portée
quinze jours après la constitution du 14, il est dit, art. 2 :
les officiers de paix seront chargés... « d'*arrêter* les dé-
» linquans et de les *conduire devant le juge de paix*. »
Et l'instruction du 21 octobre (moins d'un mois après),
développant cet article, dit : « qu'ils devront *saisir les*
» *délinquans* qu'ils auront surpris troublant l'ordre pu-
» blic. » *Arrêter* est donc *saisir*, *saisir* est donc *arrêter*; les personnes *saisies* sont donc bien des personnes
arrêtées; et je le prouve encore par l'art. 6 de la loi du
29 septembre, qui nous dit : « Les officiers de paix,
» pendant la nuit, pourront retenir les personnes *arrê-
» tées*; elles seront conduites au jour devant le magis-
» trat. » Dites donc encore que les gens *saisis* en pareil
cas ne sont pas *arrêtés*, et que la loi qui défend d'*arrêter*
ne défend pas de *saisir*!...

----

(1) Le mot *saisi* s'applique à toute capture qui a lieu dans le flagrant
délit. Le mot *arrestation* signifie privation de liberté, ordonnée par
justice. Isambert n'a pas nié le droit de saisir en cas de flagrant délit.

» Mais ce n'est pas tout, et je ne m'en tiens pas au vocabulaire de 1791. Ouvrons le Code pénal actuellement
en vigueur.

» Il traite, sous une section particulière, des *arrestations arbitraires;* certes on n'entend pas par-là les arrestations en vertu de mandat du juge, les mises en état
d'arrestation; mais bien les appréhensions de fait, les
captures illégales opérées sur des individus; et cependant
on emploie le mot *arrestation.*

» Lisons l'art. 341 : « Seront punis de la peine des tra-
» vaux forcés à temps, tous ceux qui, sans ordre des au-
» torités constituées, et hors le cas où la loi ordonne de
» *saisir* les prévenus, auront *arrêté, détenu* ou séques-
» tré des personnes quelconques. »

» Ainsi voilà le mot *saisi* appliqué à une arrestation
légale, et le mot *arrêté* réservé pour exprimer la capture
ordinaire, et ce mot lui-même précédant le mot *détenu*
qui indique plus particulièrement la prolongation de
l'arrestation. »

— Mᵉ Dupin cite encore à l'appui de son interprétation
l'art. 84 du projet de Code militaire, dont le 1ᵉʳ paragraphe porte que « dans les cas de flagrant délit, les officiers de la police judiciaire militaire feront *saisir* les
prévenus pour les conduire immédiatement devant le
juge; » mais le rédacteur du projet, homme de goût, ne
voulant pas se répéter, dit dans le paragraphe suivant :
« Ils dresseront procès-verbal de *l'arrestation.* »

Ici Mᵉ Dupin tire de sa poche un exemplaire in-32
de la Charte. (On rit)....

« A la vérité, Messieurs, le Code de nos droits n'est pas
volumineux, et si même on en retranchait tous les ar-

ticles qui ont souffert..., il serait réduit de moitié. (Rire général.)

« Lors donc que la Charte dit : « Personne ne pouvant » être *arrêté*, » elle entend qu'il ne pourra être *saisi*, de quelque manière que ce soit. »

« Reprenant ensuite la discussion : « Si la défense d'*arrêter*, hors les cas prévus par la loi, » dit l'orateur, ne comprenait pas aussi la défense de *saisir*; en se reportant à l'article 34 suivant lequel « aucun pair ne peut être » *arrêté* que de l'autorité de la chambre; » il faudrait entendre le mot *arrêté* en ce sens qu'il peut néanmoins être *saisi*, et tenu vingt-quatre heures, non pas en prison, mais à la salle Saint-Martin, parce que ces sortes de *saisies* ne sont pas des *arrestations*. (Mᵉ Dupin cite à l'appui de son système un passage du rapport de M. Lally-Tollendal, qui dit qu'un pair, en pareil cas, aurait le droit de repousser l'aggresseur *comme un voleur*.)

« Non, Messieurs, il ne peut en être ainsi. La personne des pairs est sacrée; non pas dans leur intérêt, mais dans le nôtre, parce qu'on voit dans l'inviolabilité de leurs personnes un gage d'indépendance, et que dans leur indépendance se trouve la garantie de notre liberté. Pour qu'un pair soit arrêté, il faut que la Chambre des pairs l'ordonne. Pour qu'un citoyen puisse être arrêté, il faut que la loi le permette; il est sous la garantie de l'ordre général, sous la protection de la magistrature; pour lui aussi il est des cas et des formes hors desquels il ne peut être arrêté, hors desquels il doit être autant en sûreté qu'un pair de France.

« C'est donc une distinction futile, une vaine dispute de mots, une pure logomachie.

» D'ailleurs, si le sens des mots *saisir* et *arrêter* est douteux, celui du mot *liberté* ne l'est pas plus que ceux d'*honneur* et *virginité*. Ce sont des mots qui n'entendent pas raillerie (on rit), avec lesquels on ne compose pas, et qui n'ont pas de synonymes.

» Donc toute arrestation, quelle qu'elle soit, est une atteinte à la liberté individuelle ; et c'est un pur sophisme que de venir me dire : vous n'êtes pas arrêté, vous n'êtes que saisi.

» Eh ! quoi donc ! suis-je libre, quand la police me cerne et m'enlève ? .. suis-je libre, quand un gendarme me saisit au collet et me mène à la salle Saint-Martin ; entraîné, forcé, menotté, s'il le faut, avec l'humiliation et toutes les lésions de corps et d'esprit inséparables d'un acte aussi violent ? Ce que je plaide, c'est l'honneur de l'homme, sa dignité ; c'est la personne du citoyen que je veux garantir ; je veux la préserver de toute violence, même momentanée ; je prétends, en invoquant la loi, lui éviter toute souillure, éloigner de lui la main du gendarme, et que le mot citoyen me serve d'égide, comme le *civis sum* des temps anciens.

» Concluons donc que rien n'est plus chimérique que la distinction proposée entre l'arrestation-arrestation et la saisie-capture qui ne serait pas arrestation ; cela rappelle par trop la fameuse dispute sur la grâce suffisante qui ne suffit pas. Ici, il faudrait être Pascal, plus encore que jurisconsulte.

» Je n'examine pas avec quelle suite d'effets et de durée je suis privé de la liberté ; mais j'en suis privé par le fait, et la question se reproduit toujours la même : était-ce le cas de m'arrêter, de porter atteinte à ma liberté ? en.

aviez-vous le droit? Après bien des circuits, il faut toujours revenir à ce point. Quittez donc les faux-fuyans, dépouillez les métamorphoses; Protée, reprenez votre première forme, je vous tiens enchaîné sur le rocher de la loi, et là vous serez forcé d'avouer que la raison n'est pas pour vous et que l'acquittement est pour le prévenu. (Mouvement.)

» En effet, Messieurs, et c'est la seconde question que je veux examiner, cette arrestation, cette saisie ou capture, comme on voudra l'appeler désormais, ne fût-ce que pour vingt-quatre heures, ou moins encore, les lois l'autorisent-elles contre les domiciliés, hors le cas de flagrant délit? Non.

» M. l'avocat-général vous a dit que si jamais la liberté était attaquée, il serait le premier à la défendre.

» Je ne doute pas qu'il n'en fût ainsi dans l'occasion; cela tient à la générosité de son caractère. Mais il viendrait à son secours comme médecin; et si la liberté a sa clinique, elle a aussi son hygiène; et j'aime mieux pour elle un bon régime constitutionnel qui la préserve d'atteinte, que des remèdes violens qui ruinent le tempérament et laissent souvent de vives lésions. La loi le dit avec grande raison : *Melius est intactam causam servare, quàm post vulneratam remedium quærere.*

» Je dis donc qu'il n'y a pas une seule loi en vigueur qui autorise à saisir la personne d'un citoyen domicilié hors le cas de flagrant délit; c'est en vain qu'on veut sortir des termes de la loi et se rejeter dans une hypothèse qu'elle n'a pas voulu embrasser. (L'avocat entre ici dans quelques développemens.)

» Maintenant la loi a-t-elle eu tort; a-t-elle eu raison?

Ce n'est point la question. La loi n'est pas en accusation ;
elle est telle que le législateur a voulu qu'elle fût. Isambert a dû raisonner sur cette loi telle qu'elle est ; son article ne renferme pas tous les détails possibles , parce que
c'est un article de journal et non un traité complet ; mais
il cite la loi , il y renvoie , il parle son langage ; que veut-
on donc lui reprocher ?

« On a parlé des inconvéniens de resserrer le droit
d'arrestation dans les limites tracées par le Code ? Je réponds d'abord par la règle , *non ab inconvenientibus
metiri regulas*. Si la loi était mauvaise elle n'en serait
pas moins la loi ; alors il faudrait la rétracter , et je dirais
au pouvoir : faites-en une autre ; changez la loi par une
loi et non par des arrêts ; et c'est le reproche que j'adresse
à l'arrêt de cassation du 30 mai 1823 , s'il est vrai qu'il
en ait étendu la signification ; mais , Messieurs , ces inconvéniens n'existent réellement pas , spécialement pour les
espèces qu'on nous a objectées. »

Me Dupin parcourt ces espèces , et soutient qu'en effet :
1° Le faux , qu'on a cité pour exemple n'est pas suscep-
tible de flagrant délit ; 2° Que le vol dans les poches ,
lorsqu'on s'en aperçoit , excite à l'instant une clameur
qui autorise l'arrestation ; 3° Et que , dans l'affaire Mau-
breuil , il y avait trois motifs pour l'arrêter , savoir : les
coups dont on n'a pu calculer la gravité non plus que
l'intention ; la clameur générale qui s'est à l'instant élevée
contre lui ; enfin le défaut de domicile en France , puisque sa dernière résidence avait été une prison dont on lui
avait ouvert les portes , aimant mieux le voir loin que l'entendre de près. — L'avocat cite M. Carnot , qui regarde
la clameur publique , de la part de gens désintéressés ,

comme produisant un indice suffisant pour arrêter celui qui en est l'objet. « Cette clameur publique, dit Mᵉ Du-
» pin, c'est le mandat d'arrêt lancé par le pays; c'est le
» juge d'instruction au premier chef. »

« Ainsi, le Code, tel qu'il est, ne laisse pas la société désarmée, tandis que la doctrine de l'accusation laisse la liberté sans garantie.

» J'admire la préoccupation qui s'empare de l'accusation. On suppose toujours qu'il s'agit d'un voleur ou d'un assassin qui va s'échapper. Entrez dans une supposition plus généreuse. Pensez donc aussi, je vous prie, au citoyen honnête qu'on voudrait rendre victime; je ne plaide pas pour les voleurs flagrans, pour ceux qui frappent, tuent ou blessent le prochain, *coràm populo*; je plaide pour les honnêtes gens; les perturbateurs font l'exception, les gens paisibles font la règle; je plaide pour des millions de citoyens, pour les bonnes gens, pour ceux qu'on menace tous les jours arbitrairement de les mener à la préfecture ou en prison, sans qu'il y ait matière; je parle des abus de pouvoir exercés contre eux par les agens les plus subalternes, comme on le voit dans l'espèce précisée par Isambert, d'un gendarme voulant arrêter un citoyen et lui faire passer son dimanche à la préfecture de police, parce que, monté en voiture carrée, il avait eu la singulière audace de prendre les rênes à la place du cocher.

» Je veux maintenant examiner en fait s'il est vrai que ceux que la police arrête sont effectivement conduits de suite devant le magistrat? Si ce n'est que pour la justice, que les agens de police s'emploient avec tant de libéralité ?

» J'avais isolé la police administrative de la police judiciaire; j'avais montré qu'à dessein on avait expulsé la première du Code, la réduisant au rôle d'exploration qui lui appartient, et que la police judiciaire seule, sous la surveillance et l'autorité des Cours royales, est chargée de livrer aux Tribunaux les auteurs des délits que la police administrative n'a pas pu prévenir.

» Le ministère public a voulu effacer cette distinction : il prétend que, si tout n'est pas judiciaire d'abord, tout le redevient ensuite, puisqu'on va devant le juge, qui seul statue sur la liberté du citoyen.

» Messieurs, à Dieu ne plaise que je veuille exciter ici une rivalité puérile entre vous et la police. Le pouvoir, qui ne vous appartient pas, vous ne sauriez en être jaloux; c'est pour vous le bien d'autrui, vous ne le convoitez pas; vous n'enviez pas surtout à la police son domaine; vous le lui laissez tout entier. Mais le pouvoir qui vous appartient, vous devez vous en montrer jaloux; vous n'en êtes que dépositaires dans l'intérêt de la société, et pour la protection de vos justiciables; vous en êtes comptables envers Dieu, le Roi, la patrie, envers votre conscience, que j'aurais dû nommer la première. La liberté repose sur la division des pouvoirs. Chaque fonctionnaire a sa compétence, qu'il ne peut tenir que de la loi. De même que le prêtre dit : *Omnis potestas à Deo*; dans l'ordre temporel, on doit dire : *Omnis potestas à lege*.

» Il y a, j'en conviens, des fonctionnaires mixtes, et, pour ainsi dire, amphibies (on rit), qui vivent sous les deux régimes, et qui appartenant principalement à l'ordre administratif, participent accidentellement à la police

(21)

judiciaire; par exemple, les commissaires de police. Mais
alors la loi l'a dit; mais alors elle les a placés, quant à ce,
sous l'autorité des Cours royales; mais alors enfin elle a
spécifié leurs attributions.

« Hors de là, la police administrative n'est que police administrative : elle ne fait, dit-on, que retirer les
brevets. C'est encore trop que ce droit de retirer l'état à
des pères de famille, d'ajouter à la peine des tribunaux,
et par rapport à certaines professions; telles que celles
de libraires ou d'imprimeurs, d'exercer une influence
sur la politique; et c'est ainsi qu'elle voudrait avoir un
prétéxte pour retirer à Isambert son brevet d'avocat aux
conseils. Car tandis que vous jugeriez que cette cause ne
comporte qu'une amende de 100 fr., au dehors on con-
sommerait sa ruine. Autrefois l'interdiction d'exercer tel
ou tel commerce était prononcée par arrêt. Mais enfin,
laissant de côté le droit que la police moderne s'est ar-
rogé à cet égard, et revenant au droit d'arrestation, je
dis qu'en principe elle n'a d'action ni sur les personnes,
ni sur les propriétés; elle se borne à inspecter, à explo-
rer, à rapporter : sûreté, salubrité, propreté; voilà sa
devise. Tout agent de cette police mérite la définition que
la loi romaine (dans le Digeste) a donnée des préfets, des
gardes de nuit : *Obscurus judex, arbiter silenciosus, in-
cendiorum et furum indagator.*

« Pour elle, les lois ont inventé une espèce particulière
de dol, *dolus bonus* (on rit), qui cesse d'être condamnable
lorsqu'ils ont eu recours à quelque artifice, pour se saisir
des malfaiteurs. *Dolus bonus est ille qui à præfectis vigi-
lum servatur adversus nocturnos fures.*

« C'est là que la ruse même est permise, et que tromper est une sorte de gloire, *cui fallere insidiantes fas est et decipere gloria*, suivant l'expression du chancelier d'un roi Goth, qui appréciait la police à sa juste valeur. —Tel est le domaine qu'elle exploite, et que vous n'avez garde de lui envier. Mais hors le cas de flagrant délit, elle n'a pas d'action sur la personne des citoyens domiciliés.

» Est-il bien vrai, d'ailleurs, que la police ne saisisse les gens que pour les conduire devant le juge ? N'y a-t-il pas des prisons administratives, des détentions administratives ? Le fait n'a-t-il pas été avoué à la tribune par M. le ministre de la justice, qui, répondant au sujet d'un détenu, à la séance du 8 mars 1826, laissa échapper ces paroles qui frappèrent singulièrement l'assemblée : *Je n'y puis rien, il est détenu administrativement.*

» M⁰ Dupin cite plusieurs autres exemples. Une dame de Bellefond était établie et domiciliée à Nemours comme institutrice ; je ne sais à qui elle a pu déplaire dans l'exercice de ses paisibles fonctions. Le préfet de la Côte-d'Or la fait arrêter (1), en vertu d'une autorisation (2) de M. Franchet, directeur de la police ; il la fait conduire en Suisse, comme si elle était étrangère. Ce ne sont plus des lettres de cachet pour l'intérieur, ce sont des lettres de cachet à l'extérieur ; c'est un vocabulaire nouveau auquel il faut s'habituer. Cette dame ne peut éviter la capture : quand on est une fois capturé, il est difficile de s'y soustraire ; il faut de l'argent et de l'appui pour revendiquer sa liberté ; et c'est justement pour cela qu'Isambert ne veut

(1) Arrêtés des 6 octobre 1823, et 1ᵉʳ mars 1826.

(2) Dans une lettre de M. Franchet du 11 octobre 1826, il est dit qu'elle est une aventurière, qui cherche à se faire passer pour la fille du Roi et de la princesse de Lamballe

pas qu'on puisse arrêter hors des cas prévus par la loi. Quoi qu'il en soit, cette dame renvoyée en Suisse et déposée à la frontière parvient à rentrer en France, elle est arrêtée à Lons-le-Saulnier pour vagabondage. Un arrêt de la cour de Besançon prononce ainsi sur la prévention (4 janvier 1827).

« Considérant qu'il résulte de l'information, que la pré-
» venue avait, au commencement de 1826, un domicile
» certain, puisqu'à cette époque elle était institutrice
» chez la dame Blanc à Dijon ; que si depuis elle a quitté
» ce domicile, ce n'a été que par suite d'un arrêté du
» préfet de la Côte-d'Or, du 1er mars, qui a ordonné son
» arrestation et son expulsion du royaume ; qu'à raison
» de cet acte on ne peut assimiler cette femme, qui a fait
» tout ce qui dépendait d'elle pour avoir et conserver son
» domicile, à celle qui à l'époque de son arrestation ne
» justifia d'aucun domicile certain ;
   » Qu'il résulte également de la procédure, de l'audi-
» tion des témoins, des renseignemens obtenus de Dijon,
» et des certificats délivrés à Nemours, que la prévenue
» a exercé en 1823, dans cette dernière ville, avec zèle,
» intelligence et désintéressement, les fonctions d'insti-
» tutrice ; que pendant ce temps, elle les a exercées à la
» satisfaction de ceux qui l'employaient. »

   » Cet arrêt a ordonné sa mise en liberté. Eh bien ! la police n'en a pas eu le démenti ; malgré son absolution, cette dame a été de nouveau *capturée*, et reconduite à la frontière.

   » Faut-il vous citer un autre exemple : le capitaine Parquin, frère de l'habile avocat de ce nom, Parisien bien connu, s'était marié en Suisse ; il voulut aller voir sa famille ; on lui expédia un passeport, mais avec itinéraire obligé jusqu'à la frontière, comme à un malfaiteur, et pour s'être écarté de cette route ainsi tracée, il a été arrêté (1).

» Ces exemples prouvent le danger de ces arrestations contre lesquelles Isambert s'est élevé, et après lesquelles on ne vous rend quelquefois la liberté qu'après que vous avez perdu la raison. (*Une voix :* Chauvet !)

» Même dans les cas ordinaires, jamais la police ne conduit directement devant le magistrat. Elle vous em-

Extrait du Journal des Débats du 29 mars 1827.

(1) J'ai lu, dans le compte que votre journal du 28 mars rend de la judicieuse et victorieuse défense de Me Dupin, dans l'affaire de Me Isambert, que j'aurais été arrêté, étant porteur d'un passeport avec itinéraire obligé. Je vous serai reconnaissant, Monsieur, de vouloir bien rectifier cette citation qui, juste dans un sens, est erronée dans l'autre.

En 1823, retournant en Suisse, dans ma propriété, j'ai dû aller prendre un passeport à la Préfecture de Police. Mais quel a été mon étonnement, et, j'ose dire, mon indignation, lorsque j'ai vu qu'on l'avait surchargé d'un itinéraire obligé par étapes, de Paris jusqu'à Bâle ?

N'ayant jamais subi aucun jugement, ni aucune condamnation qui pussent me mettre sous la surveillance de la police, je me présentai chez M. le directeur-général, et je me plaignis amèrement de l'injustice que l'on commettait envers moi. M. Franchet, tout en convenant que le fait était illégal, injuste, vexatoire, n'en persista pas moins à me dire qu'il ne serait rien changé aux ordres qu'il avait donnés à mon égard.

Je ne vis donc d'autre parti à prendre que d'écrire et signer en gros caractère, sous l'itinéraire, ces mots : *Abus de pouvoir de M. Franchet.* Au lieu de prendre la route que l'on m'obligeait de suivre sur Bâle, je pris celle de Strasbourg. Mon passeport fut souvent visité, et l'on ne pensa nullement à m'arrêter. Je vous avouerai que j'eusse désiré qu'on le fît.

J'ai l'honneur d'être, etc.

Signé, Ch. PARQUIN,

Ex-capitaine aux chasseurs à cheval de l'ex-garde

Paris, ce 28 mars 1827.

mène chez elle; elle a ses interrogateurs et ses geoliers ; et c'est sans doute parce qu'elle compte sur un accroissement de compétence qu'elle bâtit encore une nouvelle prison au pied de cette tour obscure qui flanque au nord les murs de ce palais. (Mouvement.)

» Qu'est-ce donc que cette prison de la police, cette salle Saint-Martin, dont chacun parle avec dégoût, si l'on n'en parle avec effroi ? De quel droit le préfet de police a-t-il un lieu de détention qui n'est pas soumis à la justice ? un lieu où l'on vous retient, et où cependant vous n'êtes pas prisonnier, parce que vous n'êtes pas écroué ! Ainsi, c'est dans l'illégalité même du lieu, dans l'absence de forme qu'on va chercher l'excuse !

» Où êtes-vous donc pendant vingt-quatre heures si vous n'êtes pas en prison ! vous êtes donc en fourrière comme de vils animaux ? Oui, Messieurs ; et je veux prouver, la loi à la main, que si le droit que la police réclame existe, l'homme que Dieu a fait à son image sera moins bien traité par la législation que les animaux.

» Je ne parle pas de ces ordonnances de police que l'on voit paraître au mois d'août, et qui sont accompagnées de la création de si singuliers constables. (*Plusieurs voix* : les chiffonniers.) Elles sont dirigées contre les quadrupèdes *errans*; mais elles respectent du moins les domiciliés. (Rire général.) »

Me Dupin cite l'article 12 de la loi du 6 octobre 1791, sur la police rurale. « Cette loi, dit-il, donne le droit de saisir les bestiaux ; mais c'est ici que l'animal serait évidemment mieux traité que l'homme, car ce droit ne s'étend pas à toute espèce de bœufs ou de veaux; il faut que l'animal soit *en dégât*, c'est-à-dire, en flagrant délit, ou à *l'abandon*, c'est-à-dire, en vagabondage... Je ne demande pour l'homme que ce qu'on fait pour le bœuf. Je demande qu'on traite le citoyen domicilié comme le bœuf qui est dans le pré du maître. (On rit.)

» Et d'ailleurs où conduit-on le bœuf arrêté? On le mène à l'étable; on a grand soin de lui, on le ménage, parce que sa peau répond de sa dépense et du dommage qu'il a causé. Mais le citoyen, s'il n'a pas d'argent, est jeté dans cette salle Saint-Martin, dans ce cloaque, où l'on confond les âges, les sexes et les délits, pendant que sa famille inquiète se lamente pendant 24 heures.

» Enfin, quel est le magistrat devant lequel on vous conduit? Le *petit parquet*. (Ici Mᵉ Dupin s'appuyant de l'autorité de Dumoulin, qui invite les avocats à traiter toutes les questions d'intérêt général que leurs causes présentent, demande à la Cour la permission de faire quelques observations sur cette innovation (1). Tout en rendant justice aux intentions de ceux qui l'ont faite, et

(1) Le petit parquet a été institué par suite de la circulaire de M. de Serre, garde-des-sceaux en 1819, qui a recommandé de nouveau aux juges et aux gens du Roi l'observation rigoureuse de la disposition de la loi, qui veut que tout prévenu soit interrogé dans les vingt-quatre heures; ce qui n'a pas lieu toutefois malgré cette institution même. Voyez l'affaire du sieur Baland, arrêté au convoi du comte Girardin, député, et détenu à la Préfecture de Police cinquante-huit heures (Journaux du 12 avril 1827). Une ordonnance royale du 17 juin 1820, rendue pour l'exécution de la circulaire, adjoint deux juges suppléans aux juges d'instruction, se fondant sur les art. 38 et 39 de la loi du 20 avril 1810; mais cette loi porte seulement que les suppléans pourront *accidentellement* remplacer les juges à l'audience, elle ne dit pas qu'ils peuvent les remplacer dans les redoutables fonctions de juge d'instruction, qui, d'après la loi du 3 novembre 1789, art. 3, 6, 7 et 8, devait être assisté de deux adjoints, parce qu'en effet ce juge rend des jugemens provisoires.

aux personnes qui y sont employées, il fait remarquer
que les fonctions des juges d'instruction y sont déléguées
à de jeunes suppléans, tandis qu'il y faudrait des magistrats blanchis dans l'exercice de leurs fonctions. Il prie
la Cour de s'informer des communications mystérieuses
qui existent, dit-on, par un certain escalier. Il se récrie
d'ailleurs sur la qualification de petit parquet; on ne la
trouve point dans les lois; elle est inconnue dans le ressort des autres Cours royales; elle subordonne le juge
au parquet. Il recommande à la Cour quelques observations sur l'organisation de cette institution; sur la marche
qu'on y suit pour les affaires; il blâme la formule *à la
disposition de M. le procureur du Roi*; et il dit qu'il ai-
merait mieux voir le petit parquet s'occuper, d'avance,
du soin de préparer la libération immédiate des accusés
absous, que le public voit toujours avec douleur rentrer
en prison pour aller compter avec le geolier.) Telles sont,
ajoute-t-il, les réflexions que j'ai pu déposer sans danger
dans le sein de la Cour, et que mon amour pour la justice
m'a seul dictées. »

Me Dupin résume ensuite toute sa doctrine sur cette
première partie de sa cause; il la termine par la lecture

L'ordonnance de 1820 a donc ajouté à la loi; et dans la pratique on
ajoute à l'ordonnance, en confiant l'instruction au petit parquet à des
juges suppléans auxquels on assure, dit-on, un traitement temporaire.

Ces juges sont dessaisis après le premier interrogatoire, ce qui est
contraire au Code d'instruction criminelle.

Il suit de ces observations que, pour que la loi fût observée, il faudrait que les juges en titre fussent appelés à tour de rôle au petit parquet, et chargés de la suite de l'instruction; les suppléans, qui n'ont pas
la plénitude de pouvoir des magistrats, devraient en être exclus. La
Cour de cassation a jugé, le 23 avril (chambre civile), qu'un juge suppléant vicie, par sa présence, le jugement où il a été appelé, quand les
juges en titre n'étaient pas empêchés.

d'une ordonnance fort curieuse de Philippe II, roi d'Espagne, sur les prises de corps, en 1570.

Il ne lui reste plus qu'à faire l'application de cette doctrine aux gendarmes et aux officiers de paix.

Pour les gendarmes, il se borne à peu de mots, et s'étonne que l'accusation persiste sur un chef, où Isambert, en ne conseillant que la résistance passive, est resté en deçà de la jurisprudence. Pour prouver que hors les cas de flagrant délit les gendarmes n'ont pas le droit d'arrêter les domiciliés, il cite un arrêt du parlement du 28 avril 1784, rendu sur les conclusions de M. l'avocat-général Séguier, qui sévit contre un lieutenant de maréchaussée, lequel avait ordonné l'arrestation d'un horloger d'Auxerre, sous prétexte qu'il lui avait manqué de respect; arrestation qui avait eu lieu d'ailleurs avec une incroyable légèreté, en vertu de l'ordre donné par le maire sur une carte à jouer... (on rit); on s'était joué en effet de la liberté de ce citoyen, ajoute Me Dupin, en riant aussi.

L'avocat passe ensuite à ce qui regarde les officiers de paix.

« Les officiers de paix à Hambourg n'étaient que des agens de police (1), suivant le décret de 1812, inséré d'ailleurs au Bulletin des lois. Et puis, quelle dérision ! nous opposer des lois données à des vaincus; nous qui sommes au moins les héritiers des vainqueurs ! Quant à l'argument tiré de la Biographie des commissaires de police, l'avocat répond que cette Biographie n'a pu com-

(1) Ce decret ne leur donne pas le droit d'arrêter; il les met à la disposition du ministre de la police et de l'autorité locale, comme l'ordonnance du 25 février 1822.

prendre les officiers de paix, que parce qu'elle a été faite par un renégat de police qui seul avait pu connaître leurs noms, puisqu'ils ne sont pas publics. Il fait remarquer que la nouvelle copie de l'ordonnance du 25 février 1822, quoique magnifique et complète cette fois, ne répare pas le défaut d'insertion au Bulletin, et n'autorise pas à la citer devant les tribunaux. Elle porte un numéro, mais de je ne sais quelle catégorie qui lui laisse son caractère occulte.

» Fût-elle insérée au Bulletin, les officiers de paix ne sont pas fonctionnaires publics, n'étant plus nommés par le Roi, comme le veut l'article 14 de la Charte. D'ailleurs l'ordonnance elle-même n'est pas exécutée; car elle ne parle pas d'officiers de deuxième classe. Cependant le ministre en a nommé de cette qualité. Leur costume n'a rien de légal; un bâton, ou plutôt un tube de six pouces de long caché dans un étui, de telle sorte que pour s'en servir il faut faire le même exercice que pour mettre des lunettes (on rit). Une écharpe sous l'habit! Et la loi dit qu'ils le porteront habituellement. On appelle cela un costume de cérémonie; l'art. 344 du Code pénal fait la distinction du faux costume employé pour les arrestations arbitraires, une circonstance aggravante qui entraîne la peine de mort! Est-ce là de la cérémonie!

» Quant au serment, c'est ici qu'au lieu d'un éclat fâcheux, cette cause encore produit un effet salutaire.

» Si, comme l'a dit M. l'avocat-général, le serment est de droit et non pas de fait, la formule doit en être réglée par la loi; c'est une sentinelle qu'il faut relever. Eh bien! vous allez voir ici le serment changer plusieurs fois, sans qu'il apparaisse aucun acte légal qui ait motivé ce changement.

» J'ai dépouillé les deux registres produits.

» La première formule annoncée dans le préambule du registre, signé par le secrétaire-général Piis, en 1814, annonce le serment d'obéissance et de *fidélité au Roi*.

» En 1815, on voit une formule plus longue, où se trouve la clause *de n'entretenir aucune ligue* (remarquez le mot), clause fort utile à conserver et que l'on supprima, on ne sait pas pourquoi, en 1823, où elle devenait plus nécessaire que jamais...; et de le faire connaître au Roi, comme si ces messieurs abordaient le Roi.

» En 1824, on insère une autre clause, « celle d'exer-
» cer la profession avec fidélité et probité. » Encore deux excellentes choses, mais qui disparaissent sous une quatrième formule. Enfin, on trouve des sermens sur feuille volante, d'autres raturés, quelques-uns devant Son Excellence Mgr. le préfet de police (on rit); d'autres seulement devant son secrétaire. Quelle incroyable légèreté dans une matière aussi grave ! Et vous vous dites des hommes pieux !

» *Di meliora* Piis, *erroremque hostibus illum !* (Rire général.)

» Enfin, supposons ces agens régulièrement rétablis, que seront-ils ? Ils ne seront pas officiers de police judiciaire, les rédacteurs du Code ne l'ont pas voulu ; ils n'auront pas les droits de la loi de 1791 ; abrogée en l'an iv, elle n'a pas été rétablie ; la loi du 23 floréal ne leur rend pas le droit de retenir les gens vingt-quatre heures ; elle ne leur permet que d'arrêter *les délinquans*, c'est-à-dire les gens surpris en flagrant délit, et seulement pour les conduire *de suite* devant le magistrat.

» Ainsi on retombe perpétuellement dans la thèse du

flagrant délit, où l'arrestation est permise, et hors lequel il est permis de résister à l'arrestation arbitraire.

» Le ministère public a regardé comme superflu de traiter la question de résistance à l'arbitraire, et de refus d'obéir à des actes illégaux. C'est cependant une des questions du procès.

» Pour moi, s'il en était besoin, je la traiterais hardiment avec les publicistes et les moralistes, les écrivains sacrés et profanes, les ordonnances de nos Rois et notre histoire à la main.

» A la tête de ceux qui savent le mieux résister, je citerais le clergé catholique, avec son *magis est obedire Deo quàm hominibus.*

» Nos parlemens, souffrant la persécution pour la défense des lois, et répétant dans l'exil, *beati qui persecutionem patiuntur propter justitiam.*

» Nos rois, consacrant cette résistance dans les intervalles lucides de leur législation, par une foule de sages ordonnances; et Louis XIII, répondant à l'un de ses courtisans qui lui demandait une lettre de recommandation pour les gens de son parlement : *Cela ne vous servirait de rien ; car ils n'y déféreront pas.*

» Je rappellerais l'Hôpital scellant des édits avec la clause *me non consentiente ;* et Birague refusant de sceller des lettres qu'il jugeait préjudiciables au bien du royaume, en rendant les sceaux à son maître, qui fut réduit à sceller lui-même.

» Je citerais les gens du Roi, parlant à genoux, et cependant d'une grandeur encore colossale, et prouvant, comme le dit Omer Talon, qu'ils sont aussi les gens de la nation; et Servin mourant aux pieds de son roi en plaidant pour la liberté :

> *Servinum una dies vidit pro libertate loquentem,*
> *Vidit et oppressâ pro libertate cadentem.*

« Quant aux militaires, je ne parlerai pas de ce soldat de César, dans Lucain, qui dit que si son chef lui ordonnait de tuer son frère, d'égorger son père, d'éventrer sa femme enceinte, il obéirait à regret, sans doute, mais enfin il obéirait :

> *Invita peragam tamen omnia dextrâ.*

» Mais nous trouvons d'autres exemples dans les fastes de l'honneur français, de l'honneur chrétien.

» Le maréchal de Lesdiguières, en 1616, se fit un mérite de désobéir aux ordres précis de Louis XIII, réitérés plusieurs fois, parce qu'ils lui paraissaient injustes, contraires à la parole que le Roi avait donnée au duc de Savoie, allié de la couronne, et honteux à la nation française : « Il faut, disait-il, savoir désobéir à son prince, » en certaines occasions, pour le servir selon ses vérita- » bles intérêts. »

» Ainsi nous voyons que le vicomte d'Orthez, gouverneur de Baïonne, sous Charles IX, ayant reçu l'ordre de faire égorger les protestans, fit au Roi cette réponse, rapportée par le P. Daniel, dont l'histoire ici n'est pas suspecte : « Sire, j'ai communiqué le commandement de » Votre Majesté à ses fidèles habitans et gens de guerre de » la garnison; je n'y ai trouvé que bons citoyens et braves » soldats, et *pas un bourreau ;* employez nos bras à » choses faisables. »

» Mais que dis-je, un bourreau ! Dans le même temps

le gouverneur de Lyon, qui avait reçu le même ordre, ayant commandé au bourreau de mettre à mort quelques huguenots, cet exécuteur lui répondit : *Monseigneur, je ne travaille que judiciairement.* (Vif mouvement dans l'auditoire.)

» Enfin, l'an dernier, le bourreau de la Martinique, révolté de servir d'instrument à une sentence qu'il regardait comme contraire à toutes les lois, mit sa main gauche sur le billot, et se l'amputa de la main droite. Était-il coupable de rébellion? (Frémissement.)

» D'autres exemples d'une résistance active, bien active, et toutefois trouvée fort légitime, ne me manqueraient pas; mais laissons cette question, j'y consens, et réservons-la pour une autre occasion.

» Messieurs, la cause d'Isambert est désormais expliquée (je dis celle d'Isambert, car lui seul est vraiment intéressé dans la cause). La *Gazette des Tribunaux* ne l'assiste que par honneur, et parce qu'elle ne veut point abandonner celui dont elle a provoqué les conseils. L'autre journal à cessé de paraître, et l'on peut dire de lui :

» Écho n'est plus un son qui dans l'air retentisse.

» Pour Isambert, au contraire, c'est une question vitale, une question d'honneur, une question d'état.

» Sa cause, je le pense du moins, est maintenant gagnée dans vos esprits; chacun de vous est pénétré de l'évidente bonne foi de ses intentions; lors même qu'il aurait mal interprété nos lois, il n'a point provoqué à y désobéir; il en réclame partout l'observation; enfin il n'a pas provoqué à la rébellion contre les agens de l'autorité agissant pour l'exécution des lois, puisqu'il n'a raisonné que dans l'hypothèse contraire, celle où ces agens n'avaient aucun caractère légal.

» Son appel d'ailleurs est justifié par les griefs même que M. l'avocat-général a fait valoir contre le jugement.

» Mais cela ne suffit point, Messieurs; une grande question de principes a été soulevée, il faut qu'elle soit résolue. Tous attendent votre arrêt; les uns pour savoir s'ils peuvent arrêter *qui bon leur semblera*, les autres pour savoir s'il demeurera vrai qu'ils ne peuvent être arrêtés que dans les cas prévus *par la loi.* Les premiers se rendront-ils coupables d'arrestations arbitraires s'ils mettent la main sur un citoyen domicilié, hors le cas de tout flagrant délit? Le citoyen sera-t-il rebelle si, prêt à obéir en tout à la loi, il a seulement résisté à la violence et à l'arbitraire dont il s'est vu menacé? En un mot, y a-t-il ou non des limites au droit de priver un citoyen, même momentanément, de sa liberté? Quelles sont ces limites?

» C'est véritablement ici une action en délimitation, une action en bornage; il s'agit de cantonner la police; nous lui demandons de planter des bornes, mais elle veut qu'on lui laisse le champ libre et l'obtenir en entier.

» Magistrats, la nation entière attend de vous un arrêt qui soit à la hauteur de vos fonctions. Il ne s'agit point ici de prérogatives politiques, d'ambitieux souvenirs, ni d'entreprises hardies. Vous savez vous renfermer dans vos fonctions; vous supportez et les articles 75 qui vous paralysent, et les conflits qui vous mettent en interdit. Mais pour ce qui reste de votre compétence, mais dans tout ce qu'il n'a pas été possible à l'ordre administratif, de ravir à l'ordre judiciaire, continuez à faire tout le bien que vous pourrez.

» Voyez comme déjà vos titres s'accumulent ! Dans l'arrêt Desgraviers, vous avez confirmé le principe sacré de l'obligation personnelle ; dans vos arrêts de tendance, vous avez raffermi la liberté de la presse, et maintenu les libertés de l'église gallicane ; par l'arrêt Montlosier (ne pouvant faire plus), vous avez du moins réclamé la sainte exécution des lois ; par l'arrêt Isambert, préservez la liberté individuelle, qu'elle soit à l'abri de l'arrière-police ; mettez-la sous la protection de la justice. «

» Ainsi vous aurez, en peu de temps, défendu tous les droits, mérité les bénédictions de vos contemporains, conquis le suffrage des âges futurs, et nous serons plus que jamais fiers de vous appartenir ! »

Des applaudissemens et des bravos éclatent spontanément dans l'auditoire. Un signe de M. le président suffit pour les apaiser tout à coup, et le plus profond silence succède à ce mouvement d'enthousiasme.

RÉPLIQUE (1)

DE M. L'AVOCAT-GÉNÉRAL DE BROÉ,

(AUDIENCE DU 27 MARS 1827).

M. L'AVOCAT-GÉNÉRAL reproduit les principaux argumens de son réquisitoire. Il soutient de nouveau que les officiers de la police administrative sont nécessairement agens de la police judiciaire, lorsqu'ils arrêtent (2), et aux auteurs qu'il avait déjà cités à l'appui de cette assertion, il ajoute M. Favard de Langlade, en son Répertoire de la jurisprudence administrative et judiciaire (3).

Il répète que tout fait d'arrestation se résout en décision judiciaire. Il nie qu'il y ait des détentions administratives. On a cité l'affaire *Schirmer!* l'orateur portait la parole alors; il s'agissait d'interdiction pour démence; la détention de Schirmer était l'effet inévitable de cette interdiction (4).

A l'égard des autres exemples, ils sont relatifs à des étrangers, et

(1) Elle a été très-longue, et n'a fait que reproduire les argumens du premier réquisitoire, déjà réfuté. Les stenographes de la *Gazette des Tribunaux* et du journal des *Débats* n'en ont recueilli que les fragmens suivans.

(2) Nous prenons acte de cet aveu; si tout fait d'arrestation est un fait judiciaire, il est évident que ceux là seuls ont droit de l'ordonner qui en ont reçu la mission, et qui sont officiers de police judiciaire, d'après le Code d'instruction criminelle. On ne connaît pas, d'après ce Code, d'agens de police judiciaire, il n'y a que les huissiers et les gendarmes qui aient cette qualité; ce sont des agens d'exécution; mais ils sont tenus d'exhiber un mandat écrit, émané d'un officier compétent, et d'en donner *copie* à la personne qu'ils arrêtent (art. 97 du Code criminel).

(3) M. Favard, au mot police, reproduit, mais sans développement, la distinction entre la police administrative et la police judiciaire. Il n'y a pas un mot, dans cet auteur, qui contrarie le système que nous soutenons, d'après le Code d'instruction criminelle.

(4) Cette explication n'est pas tout-à-fait exacte en fait. Schirmer était détenu, avant jugement, sous prétexte de démence; mais plus tard il a été vérifié qu'il n'était pas en démence. Cette affaire a été portée à la Cour de cassation. Au surplus, qu'importe le fait, si, comme l'atteste le *Moniteur*, M. de Peyronnet a dit à la tribune, le 8 mars 1825, *qu'il n'y pouvait rien; que cet individu était détenu administrativement et non judiciairement :* ce sont ces paroles qui ont excité des murmures au sein de la Chambre des députés, parce qu'il ne peut y avoir en France que des détentions *judiciaires.*

Ce principe s'applique aux étrangers comme aux Français; car il n'y a pas de loi qui c'est en vertu de la législation existante que ces étrangers ont reçu l'ordre de sortir de France. Il est possible que la législation soit vicieuse ; il faut alors la réformer (5).

On a parlé du *petit parquet.* M. l'avocat-général s'étonne qu'on ait traité si légèrement une institution si utile, si généralement approuvée (6). Qu'importe le nom, qu'on lui donne dans l'usage, si la chose est bonne et légale (7) ; ce n'est pas devant le préfet de police ou ses délégués que les personnes arrêtées sont conduites, mais devant un *juge d'instruction* (8), et comme la procédure doit être communiquée au procureur du roi, l'intervention d'un substitut est indispensable. Qu'y a-t-il là d'illégal ?

Au reste, ce n'est pas dans les vingt-quatre heures, comme on l'a dit, mais à la minute, que les citoyens arrêtés sont conduits au petit parquet et interrogés (9).

donne à l'autorité administrative le droit de les *arrêter* et de les *détenir*, et il y a des articles au Code pénal qui punissent comme un crime de pareils faits.

(5) Il est vrai qu'un avis du conseil-d'état, du 18 prairial, an XI, approuvé le 20, rendu sur l'interprétation de l'art. 13 du Code civil, semble conférer au gouvernement le droit de repousser les étrangers ; mais outre que cet avis n'est pas clair, et qu'il n'est pas une loi, il y a été dérogé par l'art. 272 du Code pénal, qui même à l'égard des étrangers vagabonds exige l'intervention des tribunaux ; et par la loi du 14 juillet 1819, qui en appelant les étrangers à acquérir des immeubles en France, leur a, par la même et nécessairement, conféré le droit de vivre sur ces biens et de les exploiter par eux-mêmes.

Pourvu que les étrangers n'offensent pas les lois du pays, ils sont libres de leur personne comme les Français.

Dans tous les cas, aucun agent de l'administration n'a reçu le pouvoir de les arrêter, encore moins de les *détenir*.

(6) Elle n'est approuvée que parce qu'on n'en a pas examiné de près le mécanisme.

(7) On a ci-dessus fait voir que l'intervention des juges suppléans, et leur abstention après le premier interrogatoire, n'étaient autorisées ni par le Code d'instruction criminelle, ni par les lois sur l'organisation judiciaire.

(8) Un juge suppléant n'est pas indépendant ; en matière civile, le jugement est nul, si le suppléant a été appelé lorsque rien ne constate l'empêchement du juge titulaire. (Voyez arrêt de cassation, section civile du 11 avril 1827, *Gazette des Tribunaux* du 15.)

(9) L'affaire Baland, rapportée dans tous les journaux du 12 et du 13 avril, donne ici un démenti à M. l'avocat-général. Malgré l'arrêt de la Cour royale et la solennité de cette discussion, la Préfecture de police reçoit et garde pendant plus de quarante-huit heures des citoyens arrêtés sur la voie publique, pour simple contravention. Qu'avait en effet fait Baland ? Il avait renversé le chapeau d'un individu, qui plus tard s'est fait connaître pour être le commissaire de police Le tribunal a mis Baland en liberté.

M. l'avocat-général nie que la police ait sa prison. La salle Saint-Martin, dont on fait tant de bruit, n'est qu'un lieu de dépôt, où les individus sont momentanément retenus avant de comparaître devant les magistrats. Il faut bien qu'il y ait un moyen de garder a vue ceux que la sollicitude de l'autorité a fait arrêter pour avoir troublé l'ordre public (10).

Ici, M. l'avocat-général rentre dans la discussion. Il proteste qu'il ne veut pas un droit d'arrestation illimité ; mais il insiste sur sa distinction entre la saisie provisoire pour conduire devant le magistrat, et l'arrestation proprement dite (11).

M. de Broë expose les inconvéniens de la doctrine contraire. Restreindre le droit de saisir les délinquans aux cas de flagrant crime (12), ce serait livrer la société à des périls imminens. Il faudrait que le juge d'instruction, pour lancer un mandat d'amener, prévît le délit, et cependant il ne pourrait le prévoir sans commettre un crime.

M. l'avocat-général soutient la justesse de tous les exemples qu'il a cités. Le vol dans les poches ne pourrait donner lieu à l'arrestation sur la voie publique, puisqu'il ne constitue pas un crime (13). Sans doute,

(10) La salle St-Martin n'est point au nombre des maisons de dépôt ou de justice reconnues (voyez l'Almanach royal de 1827) ; d'un autre côté, l'art. 341 du Code pénal porte que quiconque aura prêté un lieu pour exécuter une détention, se rend coupable du séquestration de personne.

Il est évident que le concierge de la salle St-Martin est dans ce cas. Un arrêt de la Cour de cassation du 29 prairial an V, rendu sur la demande du commissaire du gouvernement, a renvoyé devant les tribunaux criminels, comme coupable de forfaiture, le juge de paix de Chauny, qui, sans donner de mandat d'arrêt, avait fait détenir dans une caserne qui n'était point une maison de justice ou de détention.

Cet arrêt est motivé sur une disposition de la Constitution de l'an III, qui se retrouve dans les lois subséquentes.

(11) La distinction est juste pour l'arrestation en cas de flagrant délit ; elle est fausse ans tous les autres cas.

(12) Oui, sans doute, il doit être restreint à ce cas ; mais il faut s'entendre sur ce que c'est que le flagrant délit. C'est ce que M. l'avocat-général n'a pas fait. Nous l'expliquerons dans le chapitre qui termine ce volume, parce que c'est une matière très-importante, sur laquelle il ne faut pas laisser d'équivoque. Nous nous bornerons à dire ici qu'il suffit, pour que l'arrestation soit légale dans ce cas, qu'il y ait les apparences d'un fait qualifié crime ; c'est ainsi que l'entend M. le conseiller Carnot en ses Commentaires sur l'art. 106 du Code d'instruction criminelle.

(13) Il s'agit dans notre article d'arrestation sur la voie publique ; or la circonstance que le vol est commis sur un chemin public est tellement reconnue aggravante, que le Code pénal (art 383) la punissait des travaux forcés à perpétuité, l'art. 7 de la

un citoyen domicilié se rendra volontiers chez l'officier de police judiciaire ; mais le crime restera donc sans répression, quand il aura été
commis par un non domicilié (14) ? D'ailleurs, cette question de domicile ne laisse pas que de présenter aussi des difficultés ; elle devra
donc être résolue au coin de la rue (15)? On ajoute la clameur publique,
c'est une singulière équivoque, car elle ne se rapporte qu'au cas de
crime (16).

M. l'avocat général soutient la non abrogation de l'art. 125 de la loi du
28 germinal an VI, et cependant, d'après la doctrine de M. Isambert, tous
les cas prévus dans cet article resteraient sans répression (17). Il soutient de nouveau qu'un gendarme a le droit d'arrestation ; outre les
arrêts divers dont il cite les dates, en 1808 et années subséquentes, mais
qu'il ne lit pas, et les textes qu'il puise dans l'ordonnance de la gendar-

loi du 25 juin 1824 réduit la peine aux travaux forcés à temps, ou à la réclusion. Or,
si les chemins vicinaux sont des *chemins publics*, les rues d'une ville sont de même
(V. notre Traité de la voirie), ainsi la difficulté disparaît. D'ailleurs le vol dans les
poches peut être fait de complicité ou de nuit, et ce sont encore des circonstances
aggravantes, qui élèvent le délit au rang de crime.

(14) S'il y a crime, il y a droit d'arrestation pour tout le monde, s'il y a apparence de
crime, doute sérieux, la même faculté d'arrêter existe, et il n'est pas un tribunal qui
condamne une semblable arrestation. Le législateur devait-il autoriser l'arrestation pour
un simple délit ou pour une simple contravention ? C'eût été livrer la société aux derniers excès. Dans le cas de délit ou de contravention, les citoyens peuvent empêcher,
mais non arrêter.

(15) C'est le flagrant délit qui se jugera au coin de la rue, parce que la loi l'a
voulu ; et parce que ne l'eût-elle pas voulu, le droit de la défense personnelle
commanderait

(16) La Cour de cassation, par son arrêt du 30 mai 1823, que M. de Broc avait
jugé à propos de nous opposer d'abord, et qu'il ne cite plus aujourd'hui, a décidé le
contraire. Au surplus, il suffit de lire le texte de l'art. 41 du Code criminel qui définit le flagrant délit ; le bon sens nous avertit que l'homme qui fuit poursuivi par la
clameur publique doit être présumé criminel, et non simplement délinquant.

(17) Sur les trente cas prévus par cet article, presque tous rentrent dans le cas
du flagrant délit-crime. Il en est à peine trois ou quatre qui se rapportent à de simples
délits, délits qui, comme on sait peuvent devenir crimes à l'aide de la circonstance
aggravante la plus simple. C'est à l'égard de ces trois ou quatre cas seulement que le
Code de 1808 y a dérogé, en adoptant pour le flagrant délit des règles plus restreintes
que les lois du 3 novembre 1789, et les Codes de 1791 et de l'an IV, à cause de l'abus
qu'on avait fait pendant la révolution du droit d'arrestation

meric de 1820, il trouve la confirmation de ce droit individuel dans la formule même du sermeut (18).

La lettre de M. le colonel Huché, publiée depuis la dernière audience, ne prouve rien. Elle est de complaisance.

On ne pourrait maintenir la société dans les villes et les campagnes, s'il n'existait pas des gendarmes chargés d'arrêter tous les délinquans (19).

Quant aux officiers de paix, M. l'avocat persiste aussi dans les principes dejà developpés, en déclarant qu'il ne veut pas plus pour eux, que pour les gendarmes, un droit illimité d'arrestation (20). Ils sont soumis à une responsabilité (21) réelle et très-grande, dans le cas où ils ne conduiraient pas de suite (22) la personne arrêtée devant le magistrat.

18) Il n'y a aucun texte qui donne à un gendarme isolé le droit d'arrestation, hors les cas de flagrant délit, sur les personnes domiciliées, l'ordonnance de 1820, à l'égard des vagabonds et des voyageurs, exige qu'ils agissent collectivement. Les instructions y sont conformes, et c'est parce que la loi de l'an VI ne s'expliquait pas à cet égard suffisamment qu'il a fallu innover. L'usage a été érigé en loi, le roi, chef de la force armée, avait le droit de prescrire seul cette règle qui se justifie par les meilleures raisons du monde.

La formule du serment ne pouvait pas entrer dans ce détail.

(19) Dans les campagnes, la loi y a pourvu en donnant aux gardes champêtres le droit spécial d'arrestation, pour tout fait emportant peine corporelle. Dans les villes, le droit d'arrestation qu'on accorderait aux gendarmes appartiendrait par la même raison aux simples citoyens, nous serions comme en 1793.

(20) Ces protestations ne signifient rien devant les faits. Si vous accordez à un gendarme ou à un officier de paix le droit d'arrêter hors le cas de flagrant délit déterminé par le Code criminel, il est évident que son droit est illimité, qu'il n'y a plus de remède au mal, que dans la plainte.

(21) Quelle est cette responsabilité, s'ils se cachent et si leur domicile est inconnu, s'ils sont insolvables, si la peine qui doit les atteindre (la dégradation civique) est illusoire?

(22) Le fait s'élève encore ici de tout son poids, contre les protestations de M. l'avocat général. Quand est-il arrivé à un officier de paix de conduire devant le magistrat? on peut dire *jamais*. Ils conduisent la nuit au corps-de-garde, et ce n'est pas un lieu légal de dépôt. Dans le jour ils conduisent à la Préfecture de police, mais on y reste, 24, 48 ou 50 heures.

Le Préfet de police, ni les commissaires de police, ne sont des magistrats de l'ordre judiciaire. Ils n'ont eux-mêmes droit de décerner des mandats que dans le cas de flagrant délit. Ainsi l'arrestation illégale, dans son principe, n'est régularisée que très-tard, et pendant ce temps, que de malheurs peuvent arriver, que d'angoises pour le citoyen innocent, traité comme un coupable!

M. de Broe soutient que les officiers de paix existent comme fonctionnaires publics, puisque la Cour, dans un arrêt, a condamné l'auteur de la *Biographie des commissaires de police et officiers de paix* (23).

Je réponds aux objections du défenseur. L'ordonnance de 1822 : elle est nulle dans la cause (24). Le Tribunal aurait dû ne pas la citer.

La nomination royale : il y a bien d'autres officiers de police judiciaire qui ne sont pas nommés par le roi (25).

A ce sujet, dit M. de Broe, nous devons relever une erreur, que Me Isambert nous a prêté sans doute fort innocemment, d'après les journaux qui ont analysé notre plaidoyer. Il a dit, dans ses notes imprimées, distribuées à la Cour (26), que nous avions compris les cantonniers parmi les officiers de police judiciaire, et que nous les avions assimilés aux gardes du génie et au commissaire près la Monnaie. Nous n'avons pas fait cette assimilation. Ces cantonniers remplissent seulement quelques fonctions de police judiciaire (27).

(23) La Cour royale, en condamnant le libelliste, n'a point eu à examiner si les officiers de paix existaient ou n'existaient pas légalement ; cette question n'a pas été soulevée. Il a suffi pour motiver l'application de la loi pénale que le caractere public des commissaires de police fût incontestable. Si l'on s'était pourvu en cassation de cet arrêt, parce qu'on aurait compris les officiers de paix nominalement dans la condamnation, il est évident que le pourvoi eût été rejeté par ce motif. Que devient donc l'argument ? M. Dupin a bien fait de n'y répondre que pour faire sentir que l'auteur de cette Biographie avait été initié dans la police, puisqu'il a donné le personnel d'individus inconnus au public.

(24) Cette ordonnance a été le motif déterminant de l'opinion de plusieurs juges de première instance, sans quoi ils eussent prononcé comme la Cour royale. Si elle était inutile, pourquoi la police l'a-t-elle produite au procès ?

(25) Il n'y en a aucun. M. l'avocat-général confond ici les simples agens d'exécution, qui sont à la disposition de l'autorité judiciaire ou de l'autorité administrative, qui appartiennent à la juridiction contentieuse, et qui statuent sur des amendes et des choses *corporelles*, avec les officiers de police judiciaire, qui ont droit sur les *personnes*. Cependant la ligne de démarcation est assez tranchée.

(26) C'est la seule réponse qu'on ait faite à des observations qui contiennent une réfutation complète de l'annulation.

(27) Comme les gendarmes, quand ils dressent un rapport. La Cour de cassation a constamment jugé que ces rapports n'emanant pas d'officiers de police judiciaire ne pouvaient être considérés que comme des renseignemens ou des témoignages. Un jugement qui motiverait une condamnation sur de semblables rapports, non corroborés par des témoignages à l'audience, ou par l'aveu de la partie, serait infailliblement cassé, comme étant dépourvu de preuves judiciaires et légales

Revenons aux officiers de paix. on a equivoqué sur la longueur du bâton ; il est le même ou à-peu-près qu'en 1791, et c'est le seul signe légal établi par la loi. Le costume n'est établi que pour les cérémonies (28).

Le *serment*. Il est le même que celui des commissaires de police. On objecte qu'il n'est pas établi par la loi ; mais il l'est, conformément à une circulaire de 1819 (29), commune à tous les fonctionnaires du royaume, conforme à la Charte. Il n'a pas plus varié que les autres. Il est reçu par le préfet de police, représentant la municipalité (30).

« Voilà la cause, dit M. l'avocat-général, en terminant ; elle a été plaidée en droit, en toute sincérité, et avec la dernière évidence. Quant à l'article, je n'ai fait et je ne ferai aucune interprétation. Je l'ai lu sans me permettre même une seule observation. Vous avez pu l'apprécier. Nous ne le relirons pas ; mais nous vous recommandons de le relire dans la salle de vos délibérations, et vous verrez s'il ne contient pas évidemment une provocation de rebellion aux officiers de paix, et de désobéissance à la loi relativement aux gendarmes ; si ce n'est pas une théorie méthodique de rébellion, comme l'avait dit l'ordonnance de renvoi.

» Vous jugerez cette cause, Messieurs, avec la noble impartialité qui vous caractérise, et vous n'oublierez pas les hauts intérêts qui s'y rattachent. »

(28) Cependant, si un individu repoussait l'aggression d'un officier de paix sans insignes, il nous paraît, d'après la jurisprudence, qu'il ne serait pas plus coupable que celui qui aurait battu un gendarme déguisé. Ce ne serait pas une rébellion. Il faut un signe de la puissance publique. Les huissiers et les gendarmes ont des insignes.

(29) Des circulaires ne peuvent ni établir des sermens, ni les changer ; autrement les sermens seraient de fait et non de droit.

(30) En fait, cela n'est pas. Les sermens des officiers de paix, inscrits sur les registres qui nous ont été communiqués, sont reçus par le secrétaire-général ; plusieurs ne sont pas signés de ce secrétaire ; plusieurs sont sur feuilles volantes ; ils ne sont pas inscrits sur le même registre. Ils devraient être prêtés en public, parce que la loi qui a réglé la forme de prestation des commissaires, devant la municipalité, le voulait ainsi : les gendarmes prêtent serment à l'audience.

RÉPONSE (1)

DE M. ISAMBERT

A LA RÉPLIQUE

DE M. L'AVOCAT-GÉNÉRAL DE BROÉ.

(27 MARS 1827)

M. LE PRÉSIDENT,

Je ne me lève pas pour réfuter à présent M. l'avocat-général. Je n'aurais pas le temps de le faire avec succès, la Cour est trop fatiguée des plaidoiries ; mais il m'est impossible de laisser passer sans réponse, les affirmations du ministère public, et de ne pas m'expliquer sur quelques faits.

M. le président *Séguier*. Vous avez le droit de parler le dernier.

« Messieurs, M. l'avocat-général n'a cessé de vous répéter que ma doctrine était condamnée par les arrêts de la Cour près de laquelle j'ai l'honneur d'exercer mon ministère.

» Il n'a cessé de vous dire que la loi de l'an VI était toujours en vigueur ; que ce point avait été irrévocablement jugé par un grand nombre d'arrêts émanés de la Cour de cassation.

» J'ai vainement cherché, dans le réquisitoire, quels sont ceux qu'il invoque ; je n'en ai pas trouvé un seul qui ait décidé qu'un gendarme avait droit d'arrêter de son chef ; je n'en ai pas trouvé un seul qui ait

---

(1) M. Isambert ne s'attendait pas à répliquer, ni même que M. l'avocat-général prendrait la parole après M. Dupin, qui fatigué de sa plaidoirie avait un moment quitté l'audience. La Cour, très-fatiguée de quatre heures de plaidoirie, se levait pour aller aux opinions ; elle n'accorde ordinairement qu'une audience à ces sortes de causes. Il n'a donc été permis à M. Isambert de dire que quelques mots. Si le temps l'avait permis, il aurait, par l'exposé complet de la théorie du flagrant délit, démontré les erreurs graves professées par le ministère public, et prouvé l'abrogation des lois de l'an VI et de l'an IV, d'une manière rigoureuse. L'insuffisance de la défense a laissé dans la controverse une question qu'il était si désirable de voir complètement résolue. »

jugé que l'art. 125 de la loi de la gendarmerie donnait ce droit aux gendarmes, hors le cas de flagrant délit, tel qu'il a été défini par le Code d'instruction criminelle

» Non ! je l'affirme, il n'y en a pas un seul. J'ai entendu citer vaguement des arrêts de l'année 1808 (1) Ils sont étrangers à la question.

(2) En 1808, trois arrêts des 4 mars, 25 juin et 29 juillet, ont jugé que la loi de l'an IV était en vigueur. Dans le premier cas, il s'agissait d'un individu chassant, qui refusa d'exhiber son port d'armes à un détachement de gendarmerie. La Cour criminelle s'était déclarée incompétente, parce que le détachement n'avait pas été commandé pour cela, qu'ainsi il agissait sans ordre. La Cour de cassation a jugé, d'après la loi de l'an VI, que la gendarmerie était dans un état permanent de surveillance et d'action. Mais alors le flagrant délit s'entendait d'une manière plus large, puisque le Code de 1808 n'était pas en vigueur. Aujourd'hui, d'ailleurs, un individu chassant sans port d'armes pourrait être regardé comme un vagabond s'il ne justifiait pas de papiers ; s'il en justifie, les gendarmes doivent se borner à dresser procès-verbal ; il a été constamment jugé qu'ils n'avaient pas le droit, dans ce cas, de désarmer le chasseur ni de l'arrêter.

Dans le second cas, celui de l'arrêt rendu le 25 juin 1808, il s'agissait des préposés des droits réunis ; il a été jugé par la Cour de cassation que ces individus, hors du cercle de leurs fonctions, n'étaient que des agens de la force armée, et que les violences et voies de faits exercés contre eux ne rentraient pas dans les attributions conférees aux Cours spéciales par la loi du 17 pluviose an XIII.

Dans l'espèce de l'arrêt du 29 juillet 1808, il s'agissait d'une résistance avec menace d'une arme à feu, par un chasseur, envers un gendarme agissant isolément. La Cour a jugé que cet agent était dans l'exercice de ses fonctions, puisque les gendarmes sont en réquisition permanente pour l'exécution des lois d'ordre public

Mais, d'une part, Isambert n'a conseillé à personne les menaces, d'autre part, le gendarme avait le droit de demander l'exhibition du port d'armes. La résistance passive n'eût été légitime qu'autant que le gendarme, après réquisition, eût voulu arrêter le délinquant, au lieu de se borner à dresser procès-verbal.

En 1809, il n'y a d'arrêt sur la gendarmerie que celui du 4 février, relatif à la question de savoir, si les gendarmes sont ou non justiciables des tribunaux militaires. Un arrêt du 2 novembre de la même année a jugé qu'un garde champêtre ne pouvait être assimilé à un agent de la force publique, et que les voies de fait exercés envers lui ne rendaient pas l'offenseur justiciable de la Cour.

En 1810 et 1811, point d'arrêt sur la gendarmerie.

En 1812, deux arrêts des 20 mars et 16 avril. Dans le premier cas, il a été jugé que les gendarmes avaient le droit de *constater* des contraventions par des procès-verbaux, mais non d'arrêter : dans le deuxième cas, il s'agissait d'une rébellion armée de plus de deux personnes contre les gendarmes, à la poursuite d'un déserteur. Voyez le texte de cet arrêt, page 44 des pièces justificatives de ce procès en première instance. La Cour de Bordeaux avait dénié aux gendarmes le droit d'arrestation, parce qu'ils

Parmi les arrêts cités, il n'en est qu'un, celui du 30 mai 1823, qui y ait du rapport. Eh ! bien, cet arrêt je m'en empare ; c'est lui qui va vous prouver l'erreur de M. l'avocat-général. »

« Attendu, dit cet arrêt, que l'art. 106 du Code d'instruction crimi-
» nelle a derogé, pour les cas qu'il a prévus, aux lois des 10 juillet et 3
» août 1791, d'après lesquelles la force armée ne peut jamais agir dans
» l'intérieur que sur une réquisition écrite de l'autorité civile ; que cet

n'avaient pas d'ordre et qu'ils avaient tenté de violer le domicile. La Cour de cassation a jugé qu'en effet la violation de domicile eût autorisé la résistance, mais que la gendarmerie pouvait arrêter sans mandat un déserteur.

Un déserteur n'est pas un domicilié.

En 1813, un seul arrêt du 11 septembre ; il n'est relatif qu'au droit qu'ont les gendarmes de verbaliser, droit qu'on ne leur conteste pas, quoique leurs rapports ne fassent pas foi en justice, comme on l'a fait remarquer.

En 1814, 1815, 1816, 1817, 1818 et 1819, point d'arrêts.

En 1820, deux arrêts, des 3 et 24 février. Ils jugent que des procès-verbaux rédigés par trois gendarmes, quoiqu'ils ne fissent pas foi, étaient suffisans pour faire ordonner la preuve testimoniale.

En 1821, arrêt du 24 mai, qui décide qu'un gendarme peut verbaliser *seul*, mais non arrêter un citoyen domicilié. Le jugement attaqué avait décidé que le procès-verbal devait être affirmé, et signé du brigadier et du gendarme. Le procureur-général a soutenu que le procès-verbal n'était pas sujet à affirmation, parce que ce n'est qu'un témoignage, un rapport, qui ne fait pas foi en justice.

En 1822, aucun arrêt sur la gendarmerie.

En 1823, arrêt du 7 novembre, qui juge que les gendarmes et brigadiers, agissant même collectivement, n'ont pas le droit de dresser des procès-verbaux faisant foi, puisqu'ils ne sont pas officiers de police judiciaire, et que ce ne sont que de simples témoignages ou renseignemens, qui doivent être confirmés à l'audience sous serment.

En 1824, arrêt du 3 septembre, qui juge le même principe.

En 1825, quatre arrêts, des 11 mars, 8 avril, 6 mai et 30 juillet, qui décident que les gendarmes ont droit de verbaliser, quand il s'agit de surcharge sur les diligences, délit de chasse, etc.

Ces arrêts citent concurremment l'ordonnance de la gendarmerie de 1820 et la loi de l'an VI, mais dans les dispositions non abrogées ou non contraires aux articles 40, 41 et 106 du Code d'instruction criminelle.

Le démenti donné à l'audience à M. l'avocat-général, sur la fausseté (non intentionnelle) de ses citations, est donc justifié ; on cite ainsi et on affirme par suite de préoccupation, et comme l'organe du ministère public inspire plus de confiance que le prévenu, les magistrats de la Cour royale ont cru à l'affirmation de M. l'avocat-général, et décidé que la loi de l'an VI était en vigueur dans une disposition abrogée.

» article a établi une réquisition légale et permanente, qui dispense de
» la réquisition civile des magistrats civils dans les circonstances ur-
» gentes, et qu'il détermine. »

« Quels sont les cas prévus par cet article ! ce sont ceux du flagrant
délit de crime, ou ceux qui y sont assimilés par la clameur publique.

» Quelles sont les lois que cet article 106 a modifiées? Celles des 10
juillet et 3 août 1791, lois générales qui régissent l'action de la force
publique sur les citoyens, qui obligent les chefs de la force armée à
prendre l'ordre des magistrats civils, hors les cas de flagrant délit.

» Or, qu'est ce que là loi du 28 germinal an VI, si ce n'est une loi sur
la force publique?

» Donc le principe de l'arrêt du 30 mai lui est applicable, comme à
celle du 3 août 1791, comme il l'etait à celle du 16 fevrier 1791 ; donc il
est juge que, sauf les cas de flagrant délit, définis par cet art. 106 du
Code criminel, les catégories spécifiées dans l'art. 125 de la oi de l'an VI,
doivent être abandonnées. C'est pour cela que l'ordonnance du 29 octobre
1820 a jugé nécessaire d'en donner une troisième rédaction qui fût en
harmonie avec les lois nouvelles.

» M. l'avocat-général a lui-même professé devant vous le principe que
les ordonnances ne peuvent pas deroger aux lois, et cependant vous ve-
nez de l'entendre argumenter de quelques expressions équivoques de
cette ordonnance, pour en déduire, au profit des gendarmes, le droit
d'arrestation hors des limites du Code d'instruction criminelle.

» C'est ainsi, Messieurs, qu'on accorde toujours les principes en
thèse générale, et qu'on vous les ferait violer dans l'application.

» Quant à moi, si le temps me le permettait, je vous démontrerais
facilement que les catégories de l'art. 125 de la loi de l'an VI, et de
l'art. 179 de l'ordonnance de 1820, rentrent toutes dans le cas de flagrant délit ou de clameur publique, et qu'on ne peut les étendre au-
delà, sans violer les art. 40, 41 et 106 du Code d'instruction criminelle,
et l'ordonnance de la gendarmerie elle-même, qui dans son art. 157 définit le flagrant délit comme moi, ou plutôt comme le Code, c'est-à-
dire le crime flagrant, et qui dans son art. 297 défend a la gendarmerie, agissant collectivement par brigades, ou isolement, d'arrêter hors
le cas de flagrant délit déterminé *par la loi*, sans mandat délivré par
l'autorité compétente.

» On m'accuse d'avoir restreint les cas de flagrant délit, tandis qu'au contraire je les ai étendus à la clameur publique ; et M. l'avocat-général lui-même vient de prétendre que j'avais tort de supposer que la clameur publique doive s'entendre de faits qualifiés simplement délit par la loi.

» Quant à moi, je soutiens toujours, comme dans l'article incriminé, que la fuite et la clameur publique autorisent l'arrestation même des citoyens domiciliés, parce qu'il suffit pour la justifier qu'il s'y rencontre les apparences d'un fait qui pourrait être puni de peines afflictives ou infamantes.

» Comment a-t-on pu penser à me reprocher d'avoir voulu contester le droit d'arrêter en cas de flagrant délit, et de vouloir protéger les voleurs, quand moi-même j'ai dit que toute personne soupçonnée d'un fait aussi grave devait se justifier, et que la fuite serait un indice de culpabilité ? Serait-ce donc, qu'en fait, on ne pourrait obtenir une condamnation qu'en faisant prendre le change sur ce que j'ai écrit ? Heureusement ce qui est écrit ne peut pas être nié, et ne saurait vous échapper.

» On m'a beaucoup reproché les expressions de *résistance passive*, dont je me suis servi, comme s'il s'agissait d'un encouragement à la rébellion.

» Mais la résistance passive est tout l'opposé : c'est quelquefois un devoir, et souvent une nécessité. Je vais en donner la preuve.

» Même à cette audience, M. l'avocat-général a répété que tout fait d'arrestation se résolvait en décision judiciaire ; que toujours la personne saisie était conduite devant le magistrat.

» Cela serait vrai peut-être, sauf l'intervalle qui succède à l'arrestation, et la comparution au petit parquet, si nous n'avions pas des détentions administratives.

» Oui, Messieurs, il y a des détentions *administratives!* On vous a parlé de cette institutrice, de cette dame de Bellefond, dont la mise en liberté a été ordonnée par arrêt de la Cour de Besançon, attaqué par le procureur général devant la Cour de cassation, et dont j'ai obtenu le maintien ; ce qu'on ne vous a pas dit, c'est qu'à peine le pourvoi du ministère public était rejeté, un nouvel acte administratif a ordonné son arrestation ; il reçoit son exécution, et on l'a conduite hors de France de brigade en brigade, ainsi qu'elle me l'écrit de la prison de Bourg.

» Les journaux vous entretiennent ce matin d'un propriétaire domi-

cilié, le sieur Madden, qui, le jour même où il est mis en liberté, par
un arrêt de la Cour d'assises séant à Tours, est arrêté par des gendarmes,
en vertu des ordres du préfet d'Indre-et-Loire, qui subit un interrogatoire devant lui, qui reçoit un passe-port avec itinéraire obligé, et défense de passer à Paris, de peur qu'il n'y trouve des défenseurs; peut-
être en ce moment ce propriétaire est-il arrivé sur les frontières, peut-
être la mesure a reçu son exécution, parce qu'il n'a pas employé la
résistance passive, en refusant de marcher.

» Je demande en vertu de quelle loi M. Franchet ou le préfet d'Indre-
et-Loire décernent des mandats d'arrêt : et qu'on ne m'objecte pas que
ces individus sont étrangers; madame de Bellefond, dont j'ai vu les
pièces, a déclaré devant le commissaire de police de Lons-le-Saunier
qu'elle était née à Versailles ; Madden prétend être admis à jouir des
droits civils, par l'acquisition qu'il a faite de biens fonds, sous l'empire
de la loi de juillet 1819, en épousant une française, en servant dans la
garde nationale

» C'est aux tribunaux qu'il appartient de prononcer sur les questions
d'État, et d'après l'art. 272 du Code pénal, même à l'égard des étrangers vagabonds, il faut qu'un jugement les remette à la disposition de
l'autorité administrative. (Me Isambert lit cet article 272.)

» Et qu'on ne répète pas encore qu'il s'agit d'étrangers. Parmi les
hommes de couleur de la Martinique envoyés en France par un acte administratif, dont l'illégalité a été reconnue dans le conseil du roi, il en
est quatre qui furent debarqués à Brest; ils reclamèrent leur mise en liberté pure et simple ; ils étaient Français. Pour se débarrasser de ces ré-
clamations, on leur signifia l'ordre de quitter la France ; on leur expédia
l'ordre de se rendre, avec itinéraire obligé, au Hâvre ; là je les rencontrai
au mois de septembre 1823 : deux d'entr'eux ne voulaient pas quitter la
France, mais ils ne savaient comment echapper à l'exécution de l'ordre
que le sous-préfet avait reçu la mission d'assurer. On lui fit connaître qu'on
résisterait passivement. On s'assura qu'on ne trouverait en rade aucun
capitaine de navire qui, sur une pareille résistance, soutenue par l'assistance des citoyens présens à l'enlèvement, osât exécuter un ordre dépourvu de légalité. Ces deux hommes de couleur restèrent en France.
Ce sont MM. Millet et Montlouis Thébia.

» Si je me fusse trouvé à Brest, on n'aurait pas exécuté l'ordre qui
prescrivait la déportation au Sénégal des autres hommes de couleur.
J'aurais conseillé la résistance passive, à bord comme en ville; j'aurais

averti le capitaine de l'illégalité de l'ordre ; j'aurais déposé plainte ; j'aurais appelé la publicité à mon aide ; j'ai la juste confiance que j'aurais arrêté toute exécution. Neuf de ces infortunés n'auraient pas succombé dans les déserts brûlans du Sénégal, sous le poids du desespoir, du besoin et des maladies.

» Voilà, Messieurs, à quoi peut servir la *resistance passive*. Sans elle, et avec la doctrine qu'on veut etablir, qui empêcherait que le citoyen le plus notable, au sortir de cette audience, ne fût arrêté par un agent de police, traîné hors de Paris, conduit jusqu'à la frontière, et livré à des polices étrangères ?

» Au reste, mon article est dans l'intérêt des gendarmes, des officiers de paix, et de tous ceux qui voudraient s'arroger le droit d'arrestation, hors le cas du flagrant delit, tel qu'il est défini par le Code d'instruction criminelle.

» Qu'ils mettent en pratique le système etabli devant vous, par M. l'avocat général, et je ne doute pas que des peines afflictives ou infamantes ne soient prononcées contre les gendarmes et autres agens d'exécution, qui auront commis le crime d'arrestation arbitraire (1). »

(1) *Le Spectateur des Tribunaux* du 12 avril 1827 n'a justifié que trop tôt cette prediction, et prouvé que la doctrine de M. Isambert n'était pas erronée.

COUR D'ASSISES DU DOUBS. (Besançon)
Audience du 8 avril.

Deux gendarmes et un garde-champêtre paraissaient aujourd'hui devant la Cour d'assises sous la double accusation d'arrestation arbitraire et de concussion.

Le 26 octobre 1825, jour de la foire de Chauxneuve, le garde-champêtre de cette commune, accompagné de deux gendarmes, faisait la visite des auberges, ayant rencontré dans l'une d'elles le sieur Oudet, cultivateur aux Biefs-des-Maisons, il lui réclama 1 fr. 50 c.;—mais celui-ci prétendit que, loin d'être son débiteur, il était son créancier : sur des propos assez élevés qu'amena cette demande, les deux gendarmes, qui étaient dans la première salle, entrèrent et demandèrent à Oudet s'il avait des papiers ; sur sa reponse négative, ils lui proposèrent de le conduire chez le maire. Oudet, loin de s'y opposer dit, qu'il le voulait bien, et qu'il était connu de ce magistrat, plusieurs personnes de la maison dirent aussi qu'elles connaissaient Oudet pour habiter un village voisin.

Au sortir de l'auberge, les gendarmes et le garde-champêtre, au lieu de mener Oudet devant le maire, comme celui-ci le demandait, l'enchaînèrent et continuèrent à faire la visite des autres cabarets en le traînant avec eux. Pendant ce trajet, Oudet réclama souvent, mais en vain, sa tradition devant le maire ou l'adjoint, arrivé enfin au domicile de ce dernier, il refusa d'aller plus loin ; mais les gendarmes le forcèrent à

Ces-paroles, dit la *Gazette des Tribunaux*, prononcées avec beaucoup de chaleur et une profonde conviction, ont produit une vive impression sur l'auditoire.

Mᵉ Dupin rentre dans la salle d'audience, et avec les avocats du barreau il adresse à Mᵉ Isambert des félicitations.

marcher et lui donnèrent quelques coups de plat de sabre, tandis que le garde-champêtre le frappait dans les reins avec le bout de son bâton. Conduit de la sorte dans une auberge voisine, il fut forcé, pour obtenir sa liberté, de donner 1 fr. 50 cent. au garde-champêtre et 5 fr. pour les pauvres de la commune. Il est à remarquer qu'à Chauxneuve et dans les environs, il existe l'étrange usage de faire payer, en forme d'amende, une certaine somme à tous les individus arrêtés.

Le magistrat chargé de soutenir l'accusation a établi qu'en droit les gendarmes ne pouvaient arrêter les citoyens domiciliés que dans les cas de *flagrant-crime*.

Après une assez longue délibération, les *accusés* ont été absous, sur le chef de concussion. Sur le second chef, déclarés coupables à la majorité de sept voix contre cinq, la Cour a eu à délibérer, et s'est rangée de l'avis de la majorité des jurés.

En conséquence de cette décision, et vu le prescrit de l'art. 114, les trois accusés ont été condamnés à la dégradation civique.

Jugement du tribunal de première instance de Paris, du 15 mars 1827, sixième chambre, qui décide, que prendre le titre d'agent de police, est commettre le délit d'usurpation de fonctions publiques, civiles et militaires.

Attendu, qu'il résulte de l'instruction et des débats, que le sieur Bordeau, en prenant le titre *d'agent de police*, s'est présenté au poste de la rotonde du Temple, qu'il a requis du chef de ce poste la force armée, qu'il s'est présenté d'abord avec un seul homme, sans armes, et ensuite avec deux hommes armés, chez le baron de Vuzel, pour s'emparer de sa femme qui y servait en qualité de domestique, qu'il s'est rendu par conséquent coupable du délit prévu par l'art. 258 du Code pénal ; (*)

Attendu néanmoins, que la femme qu'il réclamait est sa femme, et que c'est la première fois qu'il paraît ;

Le tribunal usant du pouvoir qui lui est accordé par l'art 465 du Code pénal, condamne le sieur Bardeau à quatre mois d'emprisonnement.

(*) Ce jugement me paraît avoir fait une très-fausse application de la loi pénale. Les agens de la police administrative n'ont pas qualité pour arrêter ni pour requérir la force armée, si ce n'est dans l'ordre de leurs fonctions, c'est à-dire dans la surveillance des voies et des lieux publics. Ce sont les art. 341 à 344 qu'on aurait dû appliquer, si le délit n'était pas excusé par le pouvoir marital. Arrêt de la Cour de cassation, 1826, section des requêtes sur le pourvoi de la dame Légey de Luneville.

Le tribunal de la Seine, ayant rendu le jugement du 23 décembre 1826, devait pour être conséquent à sa doctrine reconnaître une qualité publique aux agens de police.

(51)

ARRÊT.

Après deux heures et demie de délibération, la Cour, par l'organe de M. le baron Séguier, son premier président, a prononcé l'arrêt suivant, qui a produit une impression de tristesse dans l'auditoire.

27 mars 1827.

LA Cour, considérant que l'article incriminé, rédigé par Isambert, et inséré dans la *Gazette des Tribunaux*, le 14 septembre 1826, et dans le journal *l'Écho du Soir*, le 18 du même mois, renferme une doctrine *erronnée*, en ce qu'il dénie aux gendarmes et aux officiers de paix, agens de la force publique, le droit que leur attribuent les lois du 29 septembre 1791, 23 floréal an IV, et 28 germinal an VI, dans les cas déterminés par lesdites lois, auxquelles le Code d'instruction criminelle n'a pas dérogé, de saisir sur la voie publique les *délinquans*, et de les conduire IMMÉDIATEMENT devant l'officier de police judiciaire ;

« Considérant que l'exposition de cette doctrine ne contient pas *intentionnellement* de provocation à la rébellion, ou à la désobéissance aux lois; que par conséquent l'insertion de l'article dans les journaux ne peut constituer de complicité ;

» A mis et met l'appellation, et ce dont est appel au néant, émendant, décharge Isambert, d'Armaing et Cousinery Saint-Michel des condamnations contre eux prononcées, au principal, les renvoye des fins de la plainte.

OBSERVATIONS

SUR L'ARRÊT DE LA COUR ROYALE.

Ire.

Cette Cour a jugé en point de droit deux choses contradictoires, que la loi du 29 septembre 1791, institutive des officiers de paix, éta t en vigueur en même temps que celle du 23 floréal an IV.

Mais la loi du 29 septembre 1791 a été formellement abrogée par celle du 19 vendémiaire an IV, et la loi du 23 floréal n'a retabli les officiers de paix qu'avec les attributions qu'elle détermine :

Dans ces attributions n'est point comprise la faculté de garder chez eux les délinquans jusqu'au point du jour, faculté que renfermait la loi du 29 novembre 1791, art. 6.

« Les officiers de paix, pendant la nuit, peuvent retenir les personnes » arrêtées ; elles seront conduites au *jour* devant les commissaires de po- » lice, s'il s'agit d'objets attribues à la municipalité, etc. »

Cette disposition avait été abrogée par l'art. 21, sect. 2, titre 1. du Code pénal, du 6 octobre 1791, portant :

« Quoique la personne ait été arrêtée en vertu d'un acte légal, si » elle est détenue dans une maison autre que les lieux légalement et » *publiquement* désignés pour recevoir ceux dont la détention est auto- » risée par la loi, tous ceux qui auront donne l'ordre de la détenir, ou » qui l'auront détenue, ou qui auront prêté leur maison pour la détenir, » seront punis de six années de gêne. »

Disposition confirmée par l'art. 228 de la constitution de 1795, et 644 du Code des délits et des peines, du 3 brumaire an IV (1), et qui

___

(1) Arrêt du tribunal de cassation du 29 prairial, an V, portant. « Considérant que » c'est sans doute le plus bel usage que puisse faire le gouvernement du pouvoir » que le peuple a remis dans ses mains, que de l'employer à réprimer les fonction- » naires publics qui violent les formes conservatrices de la liberté individuelle ; que » c'est la partie la plus sacrée des devoirs du tribunal, que celle qui l'appelle à » concourir à défendre tous les Français contre le despotisme et l'arbitraire, sous quelque » forme qu'ils se présentent ; -

est toujours en vigueur, constitution de 1791, art. 341 du Code pénal.

La Cour serait en contradiction avec elle-même, puisque, dans son arrêt, elle ordonne que les délinquans seront conduits immédiatement devant le premier officier de police judiciaire, qui à son tour sera tenu de faire ce que de droit.

D'ailleurs, les officiers de paix, qui ne sont pas officiers de police judiciaire, mais simples agens de surveillance, n'ont pas de domicile ; ils ont été rayes de l'Almanach royal, même en 1827, et assurement la personne arrêtée a bien le droit de s'enquérir du lieu où on la mène, et d'appeler les citoyens à témoin de la violation des lois commise sur sa personne, si on la conduit ailleurs que chez un officier de police judiciaire.

II. *Sur les Officiers de paix.*

La Cour a jugé que la loi du 23 floreal an IV était en vigueur, malgré une désuétude de fait bien constatée. Voilà donc vingt-quatre officiers dans Paris qui ont droit d'arrestation sur la voie publique, envers toute personne.

Mais sous quelle condition ? il faut que cette personne soit actuellement *délinquante.*

Dans quelles formes ? en exhibant le bâton blanc, et en prononçant la formule ancienne de la loi : Je vous somme de me suivre chez le juge de paix.

Si la formule n'etait pas prononcée, si le bâton blanc n'etait pas exhibe, comme insigne public, les citoyens présens sur le lieu de l'arrestation ne devraient pas prêter main forte à l'officier de paix : le citoyen ne serait pas tenu d'obéir, il pourrait opposer la résistance passive.

Un citoyen qui passe dans la rue pourrait-il être arrêté par un officier de paix, quoiqu'il ne fût pas actuellement délinquant, ou poursuivi par la clameur publique ?

Nous ne le croyons pas ; et la personne arrêtée en prenant à témoin

» Considérant que Santerre, juge de paix à Chauny, a contrevenu aux lois ci-
» dessus citées, 1° en ordonnant que le C. Carrette demeurerait provisoirement détenu
» dans la maison d'arrêt, jusqu'à plus ample information ; 2° en donnant pareille
» ordonnance contre Maréchal et autres ; 3° en faisant conduire les mêmes citoyens
» dans la caserne de la Chaussée, qui n'est point une maison de justice ou de détention.
» Le tribunal ordonne que Santerre demeure dénonce comme prevenu de forfaiture. »

les citoyens présens de l'injustice qui lui est faite, se ménagerait les moyens d'obtenir une juste satisfaction, pourvu que les officiers de paix soient à l'avenir des hommes présentant des garanties morales par leur domicile, par leur moralité, par le serment qu'ils sont tenus de prêter comme tous les fonctionnaires publics, en vertu de la loi du 21 nivose an VIII.

Nous croyons qu'un officier de paix qui entrerait en fonctions sans avoir prêté le serment dans la forme légale, et sans en avoir retiré acte, pourrait être poursuivi, comme ayant usurpé des fonctions publiques, et serait passible de l'aggravation de peine prévue par le Code pénal.

III. *Sur la loi de la gendarmerie.*

La cour a jugé que la loi de l'an VI était en vigueur; nous croyons que c'est une erreur; l'ordonnance du 29 octobre 1820, faite par le roi dans la capacité qui lui est conférée par l'art. 14 de la Charte, l'a remplacée pour toute la partie réglementaire, et a prescrit aux gendarmes de ne pas agir, même pour verbaliser, si ce n'est dans la compagnie d'un brigadier.

Sans cette assistance, les gendarmes doivent se borner à porter les ordres dont ils sont chargés, et se renfermer dans la limite tracée par l'art. 97 du Code d'instruction criminelle.

Dans sa partie législative, celle relative au droit d'arrestation, il nous paraît évident que la loi de l'an VI a été abrogée par l'art. 106 du Code d'instruction criminelle, ainsi que la cour de cassation l'a jugé pour des lois analogues, par son arrêt du 30 mai 1823, et que le gouvernement l'a reconnu dans les art 157 et 297 de l'ordonnance de la gendarmerie.

L'erreur reprochée par la Cour de Paris à Me Isambert est d'avoir méconnu les cas spécifiés dans les lois de l'an IV et de l'an VI, où il est permis à tout agent de la force publique de saisir les délinquans sur la voie publique.

Si l'on entend le mot *délinquant* dans le sens du flagrant délit, tel qu'il est défini par les art. 40, 41 et 106 du Code d'instruction criminelle, du crime ou du fait dénoncé par la clameur publique, ayant les apparences d'un crime, quoique plus tard il soit reconnu n'être passible que de peines correctionnelles, Me Isambert est d'accord avec la Cour de Paris.

Si l'on entend par *délinquant* celui qui n'est qu'en contravention flagrante avec un réglement de police, et avec les nombreuses lois qui définissent les délits correctionnels (et il faut l'entendre ainsi, puisque la Cour de Paris a déclaré la doctrine d'Isambert erronée, quoique non coupab'e), Isambert, malgré son respect pour la Cour, ne peut acquiescer à une pareille doctrine, parce qu'elle lui paraît consacrer un droit illimité d'arrestation.

Le nombre des délits correctionnels, et celui des contraventions surtout, est indéfini.

C'est parce que dans le cours des années 1793 et suivantes on avait singulièrement abusé en France du droit d'arrestation, que le législateur, en 1808, a cru de son devoir de restreindre la définition du flagrant délit.

Et qu'on y prenne garde, si l'on étend la signification du flagrant délit, tout citoyen aura le même droit que le gendarme ou l'officier de paix. Le simple agent de police pourra donc aussi saisir qui bon lui semblera sur la voie publique ? Où sera la limite, la garantie ?

La Cour de Paris a senti l'objection, et en respectant à l'égard des citoyens et des agens de police la définition donnée par le Code d'instruction criminelle, sur le flagrant-crime, elle n'a voulu concéder aux officiers de paix et aux gendarmes le droit de saisir les personnes, que dans les cas spécifiés dans les lois de 1791, de l'an IV et de l'an VI, disposition arbitraire si l'on veut, mais par laquelle on a voulu répondre à un besoin social; on n'a pas senti que le Code d'instruction criminelle donnait assez de latitude, en permettant d'arrêter sur les simples apparences d'un crime, ainsi que l'a compris M. le conseiller Carnot, et que la Cour de cassation a cherché aussi à l'expliquer dans son arrêt du 30 mai 1823.

La loi sur la gendarmerie a spécifié des cas au nombre de trente, dans son art. 125. La Cour de Paris eût mieux fait sans doute de citer l'art. 179 de l'ordonnance royale du 29 octobre 1820.

Quoi qu'il en soit, voici le texte de cet art. 125 :

« Les fonctions essentielles et ordinaires de la gendarmerie nationale sont :

1° De faire des marches, tournées, courses et patrouilles sur les grandes routes, traverses, chemins vicinaux, et dans tous les arrondissemens des lieux respectifs ; de les faire constater jour par jour sur les feuilles de service, par les officiers municipaux, agens des communes ou autres officiers publics, à peine de suspension de traitement ;

2° De recueillir et prendre tous les renseignemens possibles sur les crimes et les délits publics, et d'en donner connaissance aux autorités compétentes ;

3° De rechercher et poursuivre les malfaiteurs ;

4° De saisir toutes personnes surprises en flagrant délit, ou poursuivies par la clameur publique ;

5° De saisir tous gens porteurs d'armes ensanglantées faisant présumer le crime ;

6° De saisir les brigands, voleurs de grands chemins, chauffeurs et assassins attroupés ;

7° De saisir les dévastateurs des bois, des récoltes, les chasseurs masqués, les contrebandiers, lorsque les délinquans de ces trois derniers genres seront pris sur le fait ;

8° De saisir et arrêter les émigrés et prêtres déportés qui seraient trouvés sur le territoire de la république ;

9° De dissiper par la force tout attroupement armé, déclaré par l'art. 365 de l'acte constitutionnel être un attentat à la constitution ;

10° De dissiper de même, conformément à l'art. 366, tout attroupement non armé, d'abord par la voie du commandement verbal, et, s'il est nécessaire, par le developpement de la force armée ; enfin, de dissiper tous attroupemens qualifiés seditieux par les lois, à la charge d'en prévenir sans délai les administrations centrales et les commissaires du directoire exécutif près d'elles ;

11° De saisir tous ceux ceux qui seront trouvés exerçant des voies de fait ou violences contre la sûreté des personnes, des propriétés nationales et particulières ;

12° De protéger les porteurs de contraintes pour deniers publics, et exécuteurs des mandemens de justice ;

13° D'assurer la libre circulation des subsistances, et de saisir tous ceux qui s'y opposeraient par la force ;

14° De saisir et conduire à l'instant devant l'autorité civile tous ceux qui troubleraient les citoyens dans l'exercice de leur culte ; de protéger le commerce intérieur, en donnant toute sûreté aux négocians, marchands, artisans. et à tous les citoyens que leur commerce, leur industrie et leurs affaires obligent de voyager ;

15° De surveiller les mendians, vagabonds et gens sans aveu ; de

prendre à leur égard des précautions de sûreté prescrites par les lois; à
l'effet de quoi les administrations municipales seront tenues de donner
connaissance à la gendarmerie nationale des listes sur lesquelles seront
portés les individus que la gendarmerie est chargée de surveiller;

16° De dresser les procès-verbaux de tous les cadavres trouvés sur
les chemins, dans les campagnes, ou retirés de l'eau, et d'avertir l'officier de gendarmerie le plus voisin, qui sera tenu de se transporter, en
personne, sur les lieux, dès qu'il lui en aura été donné avis;

17° De dresser pareillement des procès-verbaux des incendies,
effractions, assassinats, et de tous les crimes qui laissent des traces
après eux;

18° De dresser de même procès-verbal des déclarations qui seront
faites aux membres de la garde nationale par les habitans, voisins, pa-
rens, amis et autres personnes qui seront en état de leur fournir des
indices, preuves et renseignemens sur les auteurs des crimes et délits
et sur leurs complices;

19° De se tenir à portée des grands rassemblemens d'hommes, tels
que foires, marchés, fêtes et cérémonies publiques;

20° De conduire les prisonniers ou condamnés, en prenant toutes
les précautions pour empêcher leur évasion;

21° De saisir et arrêter les déserteurs et militaires qui ne seraient
pas porteurs de passeports ou congés en bonne forme;

22° De faire rejoindre les militaires absens de leurs corps, à l'expiration de leurs congés ou permissions limitées, a l'effet de quoi les militaires porteurs de ces congés ou permissions seront tenus de les faire
viser par les capitaines ou lieutenans de la gendarmerie nationale, qui
en tiendront note pour contraindre les militaires en retard de rejoindre;

23° Lorsqu'il passera des troupes dans l'arrondissement d'une brigade de gendarmerie nationale, elle sera tenue de se porter en arrière
et sur les flancs desdites troupes, arrêtera les traîneurs, ceux qui s'écar-
teront de la route, et les remettra au commandant du corps, de même
que ceux qui commettraient des désordres, soit dans les marchés, soit
dans les lieux où ils séjourneront;

24° De s'assurer de la personne de tous les étrangers circulant dans
l'intérieur de la république sans passeport, ou avec des passeports qui
ne seraient point conformes aux lois, à la charge de les conduire sur-le-
champ devant le commissaire de l'administration municipale de l'arrondissement;

25° De saisir et arrêter les mendians valides, dans les cas et circonstances qui rendent ces mendians punissables, à la charge de les conduire sur-le-champ devant le juge de paix, pour être statué à leur égard conformément aux lois sur la répression de la mendicité;

26° De saisir et arrêter tout individu commettant des dégâts dans les bois, dégradant les clôtures des murs, haies et fossés, encore bien que ces délits ne soient pas suivis de vols; tous ceux qui seront surpris en commettant des larcins de fruits et de productions d'un terrain cultivé;

27° De saisir et arrêter ceux qui, par imprudence, par négligence, par la rapidité de leurs chevaux ou de toute autre manière, auront blessé un citoyen sur les routes, dans les rues, ou voies publiques;

28° De saisir et arrêter tous ceux qui tiendront des jeux de hasard, et autres jeux, défendus par les lois, sur les places publiques ou foires et marchés;

29° De saisir et arrêter ceux qui seront trouvés coupant, ou détériorant en manière quelconque, es arbres plantés sur les grandes routes;

30° De faire la police sur les grandes routes, d'y maintenir les communications et les passages libres en tout temps; de contraindre les voituriers, charretiers et tous conducteurs de voitures, à se tenir à côté de leurs chevaux; en cas de résistance, de saisir ceux qui obstrueront les passages, de les conduire devant l'autorité civile, qui prononcera en ce cas, s'il y a lieu, une amende qui ne pourra excéder dix francs, sans préjudice de plus forte peine, suivant la gravité du délit.

L'art. 179 de l'ordonnance royale du 29 octobre 1820, qui sert aujourd'hui de règle à la gendarmerie, quoique la Cour royale semble l'avoir oublié, reproduit à peu près les mêmes dispositions en 35 paragraphes, en disant que les fonctions habituelles et ordinaires de la gendarmerie sont de les faire observer.

L'ordonnance de 1820, dans son art. 179, ne doit être considérée que comme une instruction ministérielle, ou un commentaire de l'art. 106 du Code d'instruction criminelle, à l'usage des gendarmes, gens de peu d'entendement.

Reprenons les spécifications des lois sur la gendarmerie.

Les § 1, 2, et 3, ne parlent que de *surveillance*, et du devoir qui leur est imposé de dénoncer aux autorités compétentes les infractions à l'ordre public.

Le § 4 charge les brigades de *saisir toutes personnes surprises en flagrant délit ou poursuivies par la clameur publique.* C'est ainsi que Me Isambert a présenté sa défense, qui pourtant a été contestée par M. l'avocat général de Broé, dans sa réplique.

Le § 5 se rattache évidemment au flagrant délit de crime.

Les § 6, 7 et 8, ne sont relatifs qu'au droit, ou plutôt au devoir de dresser des procès-verbaux et d'avertir les officiers de gendarmerie, qui sont officiers de police judiciaire. On observe que, d'après la jurisprudence de la Cour de cassation, les procès-verbaux des gendarmes et sous-officiers de gendarmerie n'ont pas foi en justice, et qu'une condamnation motivée exclusivement sur de pareils documens serait cassée.

Le § 9, relatif à la répression de la contrebande, autorise les gendarmes à saisir; cette disposition est légale par deux motifs : la contrebande constitue souvent un crime, et elle se fait presque toujours par des gens non domiciliés; de plus, les lois spéciales sur les douanes autorisent cette arrestation.

Les § 10 et 11, relatifs aux attroupemens armés et séditieux, devaient autoriser l'arrestation, parce qu'ils constituent des crimes prévus par le Code pénal, art. 209 et suiv.

Le § 12, relatif aux attroupemens non armés et seulement tumultueux, n'autorise les gendarmes qu'à dissoudre et séparer, et nullement à arrêter, et c'est avec raison; car dès qu'il n'y a pas résistance en réunion de plus de vingt personnes, il n'y a pas crime. Les gendarmes n'ont donc pas reçu en ce cas de la loi le droit d'arrêter sans mandat.

L'attroupement n'est même illicite que quand il est prohibé par une proclamation ou affiche de l'autorité municipale.

Le § 13 est relatif à ceux qui portent atteinte à la tranquillité publique, en troublant les citoyens dans le libre exercice de leur culte.

Si c'est dans le temple, le trouble peut dégénérer en offense envers la religion ou envers le ministre, et attirer sur son auteur des peines afflictives ou infamantes. Les gendarmes peuvent donc arrêter, si le trouble devient assez grave pour autoriser cette mesure (art. 263 et 264 du Code pénal); autrement ils doivent se borner à verbaliser.

Si le trouble a lieu sur la voie publique, dans les lieux où les ministres du culte sont autorisés à sortir, ce qui n'a guère lieu qu'à la Fête-Dieu, quand le saint-sacrement est exposé, l'outrage peut prendre le caractère de sacrilége, et alors l'arrestation rentre dans le cas prévu par les art. 41 et 106 du Code criminel.

L'ordonnance de la gendarmerie aurait peut-être bien fait d'entrer dans ces distinctions.

Le § 14, relatif aux voies de fait ou violences contre la sûreté des personnes ou des propriétés, prévoit des faits qui souvent prennent le caractère de crimes envers les personnes, (art. 309 et suiv. du Code pénal.)

Quant aux violences envers les propriétés, faut-il entendre par là les incendies (art. 434 et suiv. du Code pénal), le vol, les effractions, escalades (art. 379 et suiv. du même Code), ou les simples dégradations?

L'ordonnance aurait dû mieux s'expliquer, pour ne pas exposer les gendarmes à user du droit redoutable d'arrestation sans nécessité, ce qui les exposerait à des poursuites.

Mais, comme nous l'avons expliqué déjà, il suffit que les voies de fait et violences prennent un caractère de gravité qui donne lieu à la clameur publique, pour que l'art. 106 du Code criminel soit suffisant pour légitimer l'arrestation.

Le § 15 est relatif aux dévastations de bois et récoltes, et aux chasseurs masqués pris en flagrant délit. Or l'expression dévastation annonce qu'il ne s'agit pas d'un vol simple, mais avec circonstance aggravante. Si dans l'ordonnance, l'expression était employée dans le sens de l'art. 444 du Code pénal, l'arrestation ne pourrait avoir lieu qu'à l'égard des non domiciliés, ou du moins avec l'intervention des gardes champêtres et forestiers, qui ont un droit plus étendu que les simples gendarmes, § 4 de l'art. 16 du Code criminel. Le chasseur qui se masque ne peut pas prétendre à jouir du droit de citoyen domicilié. Ainsi l'arrestation est encore permise dans ce cas.

Quand il ne s'agit que de simples délits de chasse, le § 16 prescrit aux gendarmes de se borner à dresser des procès-verbaux.

Les § 17 et 18, relatifs aux contraventions de grande voirie, défendent aussi aux gendarmes d'agir par voie d'arrestation contre les délinquans.

Le § 19, relatif à ceux qui sont surpris coupant ou dégradant les arbres appartenant aux voies publiques, ou détériorant les monumens, se sert du mot *arrêter*, quoique ces faits ne constituent qu'un simple délit, art. 448 et suiv. du Code pénal.

Si le mot *arrêter* signifie autre chose qu'empêcher (ce qui ne serait pas fort vraisemblable, puisque dans tous les autres articles le rédacteur s'est servi du mot saisir), le rédacteur est allé trop loin; dans ce cas les gendarmes doivent se borner à verbaliser, d'autant plus qu'un homme-

domicilié qui se livre à cés voies de fait a à présumment, pour se dire
propriétaire ou fermier, d s motifs qu'un gendarme ne saurait apprécier.

Le § 20 autorise à saisir ceux qui obstruent les voies publiques, mais
uniquement lorsqu'il y a résistance : or, en pareil cas la résistance constitue la rébellion, et la rébellion est toujours un fait grave.

Le § 21 autorise à arrêter tous ceux qui, par imprudence ou négligence,
ou par la rapidité de leurs chevaux, ou autrement, auront blessé quelqu'un, ou commis quelque dégât sur les voies publiques.

Dans les deux cas, s'il n'y a pas homicide, ce ne peut être qu'un
délit pour lequel un citoyen domicilié ne doit pas être arrêté ; ici l'ordonnance serait contre son intention en opposition avec l'art. 91 du
Code d'instruction criminelle, qui commande au juge de procéder avec
plus de ménagement contre le domicilié. La disposition de ce § ne doit
donc recevoir, de la part des gendarmes, son application qu'aux non
domiciliés.

Nous en disons autant du § 22, relatif à ceux qui commettent des
dégâts dans les champs ou les bois, et qui dégradent des clôtures, mais
sans voler, ou ceux qui font la maraude.

Le rédacteur de l'ordonnance a raisonné ici par analogie du droit
conféré aux gardes-champêtres et forestiers ; mais il n'appartient qu'au
législateur de faire ces assimilations, et d'élever les simples gendarmes
au rang d'officiers de police, auxiliaires des gardes-champêtres, pour les
délits ruraux.

Les § 23 et 24, relatifs au droit de dénoncer, sont dans l'ordre légal.

Le § 25, relatif à l'arrestation de ceux qui s'opposent par la force à la
libre circulation des subsistances, mérite la même observation.

Les § 26 et 27, relatifs à la protection due aux marchands forains et
autres, n'ont besoin d'aucune remarque critique.

Les § 28, 29 et 30, relatifs aux déserteurs, se justifient d'eux-mêmes ;
ainsi que les § 31 et 32, relatifs aux mendians, vagabonds et gens sans
aveu, puisqu'il ne s'agit plus de domiciliés.

Le § 33 va trop loin, en accordant aux gendarmes le droit d'arrêter
ceux qui tiennent des jeux défendus dans les lieux publics, s'ils sont
domiciliés, et s'ils ne résistent pas à l'exécution des ordres qui leur sont
donnés.

Le § 34, relatif aux prisonniers ou détenus, n'a besoin d'aucune
observation.

Enfin le § 35 et dernier, relatif à ceux qui voyagent sans passe-port, se justifie ; mais le gendarme devient coupable, si, comme en l'a fait à l'égard de l'infortuné Chanvet, on se permet d'arrêter sur l'ordre d'un gendarme, au lieu de prendre celui du maire ou d'un officier de police judiciaire.

Les irrégularités que nous venons de relever dans l'art. 179 de l'ordonnance de la gendarmerie, et qui tendraient à conférer aux gendarmes le droit d'arrêter les citoyens domiciliés, sans mandat de justice, hors le cas de flagrant délit, ont échappé au rédacteur, puisque, par l'art. 297, il a eu soin d'intimer la défense d'arrêter hors le cas de flagrant délit, et qu'il a eu soin d'expliquer très nettement en quoi consiste le flagrant délit.

» Le flagrant délit, dit l'art. 157, doit être un veritable crime, c'est-à-dire une infraction, contre laquelle une peine afflictive ou infamante est prononcée. »

Ainsi le rédacteur de l'ordonnance, bien loin de vouloir déroger au Code, en s'autorisant de l'art. 125 de la loi de la gendarmerie, a voulu y ramener toutes les catégories.

Mᵉ Isambert, en raisonnant comme l'ordonnance, et comme le Code criminel, n'a donc pas pu émettre une opinion erronée, comme la Cour de Paris le lui a reproché.

Le motif de ce reproche vient peut-être de ce que l'auteur de l'article n'a pas expliqué avec assez de précision ce qu'il fallait entendre par flagrant délit :

Mais s'il a péché par omission, c'est un vice de rédaction, et non une erreur de droit.

L'arrêt rendu par la Cour d'assises de Riom, le 8 avril, vient justifier l'auteur de l'article du reproche qu'on lui adresse ; car cette Cour, en repoussant l'accusation de corruption, a précisément jugé que l'arrestation était illégale et arbitraire, parce que le sieur Oudet donnait des renseignemens suffisans pour prouver qu'il était domicilié. Devant la Cour, l'organe du ministère a plaidé la thèse opposée à celle de M. l'avocat général de Broé, que l'arrestation par de simples gendarmes ne pouvait avoir lieu qu'en cas de crime flagrant. Le jury n'ayant prononcé qu'à la majorité simple, la Cour s'est réunie à lui pour condamner les deux gendarmes.

On fait cette remarque, non point par esprit d'orgueil, mais pour empêcher que le procès soutenu par Mᵉ Isambert, ne soit invoqué comme un mauvais précédent.

IV. *Observation sur l'obligation de conduire devant l'officier de police judiciaire.*

Du reste, il est consolant de remarquer que cet arrêt offre des garanties dont jusque-là on ne jouissait pas.

L'obligation de conduire *immédiatement* le délinquant devant l'officier de police judiciaire a pour effet, 1° de déclarer lieux illégaux de détention les violons des corps-de-garde, la prison de la préfecture de police, et le petit parquet.

La question s'est présentée à nous, de savoir si la personne arrêtée aurait le droit de demander à être conduite chez le maire, ou le juge de paix, ou le juge d'instruction, ou l'un des membres du parquet les plus voisins, ou si le gendarme ou officier de paix peut conduire la personne arrêtée où il lui plaira.

D'abord, il est évident que le citoyen arrêté ne doit pas rester à la discrétion de celui qui, sans mandat du juge, prend sur lui de l'arrêter.

Si c'est un devoir de nécessité, on ne doit pas le prolonger arbitrairement.

Les gendarmes et officiers de paix sont payés pour faire ce service, et le citoyen arrêté est déjà assez malheureux d'être privé de sa liberté.

C'est donc devant l'officier de police judiciaire le plus voisin qu'il doit être conduit.

On objecte qu'à Paris les maires, juges de paix, juges d'instruction, et membres du parquet, ne s'occupent pas chez eux des arrestations, et que les commissaires de police seuls sont en réquisition permanente.

Si je suis arrêté à la porte de la mairie, ou d'un juge de paix, ou d'un juge d'instruction, ou d'un membre du parquet, et que j'aie des motifs de croire que je ne suis pas en sûreté de ma personne avec celui qui m'a arrêté, ou si mes affaires sont urgentes et ne me permettent pas d'attendre dans un corps-de-garde où à la préfecture de police, que messieurs les substituts et juges soient à leur poste accoutumé, j'ai le droit de demander à être conduit chez l'un d'eux.

Le refus que ferait le gendarme ou l'officier de paix de déférer à cette réquisition, serait un acte purement arbitraire, contre lequel la personne arrêtée aurait droit de prendre les citoyens présens à témoin.

Arrivée chez l'officier de police judiciaire le plus voisin, la personne arrêtée a le droit de refuser de marcher, quand même cet officier ne serait pas chez lui, parce que là elle peut se croire plus en sûreté que dans les mains d'un gendarme.

Dans la maison d'un officier, on ne pourrait pas refuser au prisonnier, comme on l'appelle en Angleterre, la faculté d'écrire chez lui, et d'avertir les siens de sa mésaventure.

Telles sont les garanties qui nous paraissent résulter de l'arrêt du 27 décembre, garanties que le *Courrier français* a le premier signalées au public le 28 mars, et qui se trouvent mieux développées dans un article inséré dans la *Gazette des Tribunaux* du 5 avril, attribué à M. Dupin aîné, avocat.

V. *Observations sur la question intentionnelle.*

Il est un autre grand principe, consacré par l'arrêt de la Cour de Paris, du 27 décembre, c'est que dans les délits de la presse, la question intentionnelle est la première à résoudre.

Pour condamner, il ne suffit pas que la doctrine soit en opposition avec des lois positives, si son auteur n'a pas eu l'intention de provoquer à a désobéissance à ces lois.

Nous savons positivement que les premiers juges n'avaient pas cru pouvoir admettre cette excuse, qu'à la chancellerie, et même au parquet du procureur général à la Cour de cassation, on voulait faire prévaloir cette doctrine, que c'est le fait matériel de la publication, qui, dans les poursuites de la presse, doit servir de base à la culpabilité ; dans ce système on condamnerait l'auteur comme responsable, au moins par des amendes, du mal que ses écrits pourraient produire.

La Cour de Paris a justement pensé au contraire, conformément aux principes généraux du droit criminel, que la société pouvait être préservée par les motifs de l'arrêt si la doctrine était dangereuse dans son application, mais que l'innocent ne pouvait être confondu avec le coupable.

Tous les délits de la presse sont des délits d'intention. Les Cours royales substituées au jury doivent prononcer comme lui, *coupable ou non*, selon que l'auteur a eu une mauvaise intention ou ne l'a pas eue.

Nous avons déjà fait remarquer que cette grande question avait été soulevée en Angleterre dans la cause du doyen de St.-Asaph, publicateur d'un dialogue politique entre un gentilhomme et son fermier, rédigé en 1783, par sir William Jones, alors avocat distingué à Londres, et depuis l'un des juges de la cour suprême du Bengale.

On reprochait à ce dialogue la simplicité de la rédaction, qui le rendait populaire, et on soutenait qu'il contenait un appel à la sédition. Le fameux Erskine défendait l'écrit et son auteur, et s'appropriait son principe. Quand il eut prononcé devant le jury ce fameux plaidoyer, qui a été inséré dans le *Barreau anglais*, le grand juge Buller dit au jury qu'il n'avait à prononcer que sur les faits, et non sur l'intention; que la question de savoir si l'écrit était un libelle ou non était une question de droit réservée aux juges, et en dernier ressort à la chambre des lords, il ne pouvait concevoir que le défenseur de l'accusé eût prétendu le contraire, puisque cette thèse n'avait jamais fait l'ombre d'un doute parmi les gens de loi.

Dans ce cas, observe l'annotateur, la presse eût été dans les mains des juges commissionnés par la couronne.

Le jury déclare le prévenu *coupable seulement d'avoir publié l'écrit.*

Le juge observe que le mot *seulement* est de trop. Erskine en conclut que dans l'opinion du jury l'écrit n'est pas seditieux, il n'attaque pas le roi ni son gouvernement. Le juge demande si le mot *seulement* emporte negation des designations incriminees de sédition. Le jury répond non; alors, dit le juge, il faut déclarer le défenseur coupable d'avoir publié le libelle. Non, ce n'est pas un libelle, répond le jury. Erskine demande que le juge rapporte à ses collègues le verdict tel qu'il est; le juge veut faire expliquer le jury de manière à en faire sortir l'aveu de la culpabilité pure et simple : l'avocat s'y oppose. Le juge lui dit de ne pas l'interrompre; Erskine répond qu'il est défenseur d'un de ses concitoyens, et qu'il demande que le verdict soit rapporté avec le mot *seulement.*

Le juge. C'est assez, Monsieur, souvenez-vous de votre devoir, ou je serai obligé de parler d'une autre manière.

Erskine. Votre seigneurie peut procéder de quelle manière elle voudra : je connais mon devoir aussi bien que votre seigneurie connaît le sien. Je ne changerai pas de conduite.

Le 8 novembre 1784, Erskine se présenta à la Cour du banc du Roi, pour son client, à l'effet de faire reconnaître que le jury devait prononcer sur la question intentionnelle. La requête fut admise. Erskine plaida de nouveau devant la Cour, présidée par le comte de Mansfield, le 15 novembre.

La Cour du banc du Roi rejeta finalement la requête, conformément à l'opinion commune que la question intentionnelle se confondait avec la question de droit reservée aux juges. Cependant l'un des juges déclara que le jury, sans s'expliquer sur le droit, pouvait dire non coupable.

« Il restait à prononcer par les juges sur la question de savoir si l'écrit au fond était ou non séditieux.

« Fox présenta alors au parlement sa motion, qui fut adoptée, la trente-deuxième année de George III, ch. 60, par laquelle il fut passé en loi que le jury prononcerait sur l'accusation par un verdict général, sans être obligé de s'expliquer sur le fait de la publication.

« Il a été réservé au juge de faire connaître son opinion au jury, sur le caractère de l'écrit avant le verdict, comme dans les autres causes criminelles.

« D'après ce statut, Erskine obtint à la Cour du banc du roi qu'il ne serait pas donné suite au jugement.

Espérons que la cause actuelle assurera à la liberté de la presse le même triomphe. Si, par la loi de 1822, le jury a été dépouillé de la connaissance des délits de ce genre, la Cour royale prononçant en assemblée de deux chambres statuera comme un grand jury, et ne méconnaîtra jamais l'intention de l'auteur de l'écrit.

VI. *Observation sur les réserves du ministère public.*

La Cour royale de Paris, dans son arrêt, n'a point donné acte au ministère public des réserves qu'il avait faites en première instance, et que les premiers juges avaient consacrées relativement à la publication des interrogatoires.

N'est-il pas en effet surprenant, dans un pays où les principes du droit criminel ont été, depuis 1789, ramenés à ce qu'ils devaient être, c'est-à-dire à un débat dans lequel la société n'accuse qu'à regret, et avec espérance que l'accusé sera reconnu innocent, que les membres du ministère public, ou les juges d'instruction prétendent tenir certaines pièces et documens secrets ?

S'ils ont fait des questions indiscrètes, et si le prévenu y a répondu comme il convenait, si des documens de police leur ont été fournis, tout doit paraître au grand jour de la publicité, afin que la société apprenne si les droits de l'accusé ont été respectés, et si la poursuite n'a pas été contre lui marquée au coin d'une persécution individuelle.

L'accusation n'a pas le droit d'empêcher le prévenu, non seulement d'y répondre, mais d'associer le public et ses concitoyens à sa défense ; ici tout doit être en faveur du prévenu, puisque c'est contre lui que tout a été fait.

Les réserves contre M⁰ Isambert, quand elles n'auraient pour

(67)

but que de lui infliger une espèce de censure, ne devaient pas subsister dans un jugement.

En effet, le prévenu pouvait dire à l'organe du ministère public : Ce que j'ai publié, je l'ai fait dans l'intérêt de ma défense.

Ou je suis resté dans les limites de ce droit naturel et sacré, et alors vos réserves sont une atteinte portée à son exercice, ou vous prétendez que j'ai commis un nouveau délit par les circonstances de la publication. La loi me donne le droit de vous obliger à vous expliquer sur le champ. L'art 23 de la loi du 17 mai 1819, porte que les faits diffamatoires étrangers à la cause, dans les écrits produits devant les Tribunaux, donnent ouverture, soit à l'action publique, soit à l'action civile des parties, lorsqu'elle leur aura été réservée par les Tribunaux, et dans tous les cas à l'action civile des tiers.

Donc, le Tribunal saisi est avant tout tenu de savoir si le prévenu a excédé les limites de la légitime défense ; donc, il peut et doit demander que le ministère public explique et justifie ses réserves, afin qu'elles soient mises au néant si elles ne reposent pas sur un fait qualifié crime, délit ou contravention par les lois.

Dans l'affaire des troubles de Brest, le Tribunal avait refusé de communiquer aux prévenus l'instruction écrite : dans le cours des débats, l'un des défenseurs ne pouvant faire revenir le Tribunal sur une erreur aussi préjudiciable au droit de la défense, prit le parti de conclure à ce que les pièces de l'instruction ne fussent point prises pour bases du jugement, et le Tribunal prononça dans ce sens.

D'autres défenseurs persistèrent, selon nous avec raison, à demander la communication, parce qu'il ne peut pas dépendre du juge de rien dissimuler au prévenu de ce qui fait partie de l'instruction, sans en revenir au détestable principe du secret de la procédure, sans porter atteinte au droit de la défense, et parce que le juge correctionnel ne prononce pas seulement d'après le débat oral, mais d'après les interrogatoires, procès-verbaux, etc., qui sont vraiment des élémens de preuves : un jugement de condamnation, motivé sur ces élémens ne serait pas cassé, comme l'ont été les jugemens basés seulement sur les rapports des gendarmes, ceux-ci n'étant pas officiers de police judiciaire.

Le Tribunal d'appel de Quimper, ayant acquitté ou à-peu-près les prévenus sur le fond, cette importante question n'est pas venue en cassation. Nous ne doutons pas qu'elle n'eût reçu une solution conforme au principe que nous venons d'exposer.

5*

VII. Observation sur le mode d'interrogation.

Dans les délits politiques, certains juges ont encore chez nous une tendance naturelle à favoriser l'autorité; ils ne tiennent pas une balance toujours exacte entre le prévenu et l'accusation.

Les documens secrets, reçus des mains de la police, le prouvent assez.

Mais il est une remarque que nous avons faite sur le mode d'interrogation, et que nous ne devons pas taire ici.

Lorsque nous avons subi notre premier interrogatoire, le juge d'instruction s'est refusé d'abord à écrire nos réponses telles qu'elles étaient faites par nous, prétendant qu'il pouvait y avoir quelque chose d'inconvenant, et que c'était à lui de l'empêcher.

Si un prévenu, au lieu de répondre au juge, se permettait de l'injurier, ce serait un délit dont ce magistrat devrait dresser procès-verbal. Dans ce cas, les paroles recueillies devraient être celles du prévenu. Mais quand la réponse n'a rien de personnel au magistrat interrogateur, celui-ci a-t-il le droit d'en modifier les termes, de les traduire pour ainsi dire, et de les dicter ensuite au greffier?

Les anciens comme les nouveaux principes condamnent ce système. La loi ne s'arrête pas à des inconvenances prétendues, lorsqu'il s'agit de la vie ou de l'honneur. Le prévenu est seul maître de sa réponse, comme le magistrat l'est de la question.

« Les réponses des prévenus, dit M. Legraverend, *Traité de légis-
» lation criminelle*, chap. V, page 25, de la deuxième édition, doi-
» vent être écrites telles qu'elles ont été faites; le juge ne doit pas
» plus se permettre de les modifier, de les rectifier, de les traduire,
» que de les suggérer : c'est ce qu'a dit, ce qu'a pensé le prévenu,
» ce sont ses déclarations, ses aveux, ses dénégations, ses doutes,
» ses hésitations, ses tergiversations, ses contradictions, ses retours
» sur lui-même, qu'il importe de recueillir et de conserver, et une
» froide analyse de ses réponses serait loin d'atteindre au but. »

Voilà les principes : dans l'application ils ne sont pas observés.

Il nous a fallu beaucoup de fermeté et d'insistance, pour obtenir que nos réponses ne fussent que l'expression de notre pensée. Il nous disait : « Faites-moi votre réponse verbale, et je la dicterai au greffier. » Nous lui avons contesté ce droit. Il a passé outre.

Si, malgré notre fermeté et la connaissance de notre droit, nous avons été obligés de modifier nos réponses, de peur de blesser un magistrat qui prétendait avoir le droit, vu sa dignité, de traduire ou de modifier nos expressions, que doit-il arriver, lorsqu'il s'agit d'hommes étrangers aux lois !

L'interrogatoire n'est plus l'expression fidèle de la vérité. Cependant il se fait à décharge autant qu'à charge ; il est destiné à éclairer la chambre du conseil. Si le juge d'instruction y substitue ses préjugés ou ses préventions, la chambre du conseil est nécessairement induite en erreur.

Il est très-rare que les accusés résistent aux influences d'un juge, ou qu'ils l'osent, sachant que de son avis seul peut résulter la mise en accusation, puisqu'il faut l'unanimité au grand criminel ; il peut d'ailleurs recourir à des mesures de rigueur, prolonger la détention ou l'instruction.

Il est donc très-important de rappeler les juges au respect des principes, quand ils remplissent seuls les redoutables fonctions de l'instruction.

Le plus honnête des juges cède à des préventions sans s'en apercevoir ; il a une manière de voir à lui, il veut y ramener le prévenu : c'est là qu'est le danger.

EXTRAIT

DE LA GAZETTE DES TRIBUNAUX DU 3 AVRIL 1827,

Sur l'arrêt rendu par la Cour royale de Paris, dans l'affaire de M° Isambert et de la Gazette des Tribunaux.

L'arrêt rendu par la Cour, le 27 mars dernier, a été l'objet de diverses réflexions. Nous avons attendu, pour exprimer notre pensée à cet égard, l'expiration du délai du pourvoi en cassation, dont on nous avait menacé; non qu'il nous inspirât aucune crainte contre un arrêt défendu par sa propre sagesse, et motivé d'ailleurs en fait sur l'absence de toute intention coupable; mais pour marquer, en cela comme en tout, notre respect pour l'emploi d'un recours, qui, sans être fondé, n'en eût pas moins été légal.

Maintenant que le délai est expiré sans qu'il y ait eu pourvoi, et que l'arrêt est irrévocablement passé en force de chose jugée, il nous est permis, et nous croyons utile d'en exposer les résultats tels qu'ils nous sont apparus.

Comme cet arrêt a prononcé, en déclarant la doctrine d'Isambert *erronée* dans ce qu'elle avait de trop absolu et de trop peu développe, les gens qui jugent superficiellement en ont conclu que sans doute la doctrine d'Isambert était improuvée dans toutes ses parties. Ce serait une nouvelle et grave erreur.

La doctrine d'Isambert, vraie dans tout ce qu'elle a de général relativement aux arrestations arbitraires, n'est déclarée erronée qu'en un seul point; *en ce que,* dit l'arrêt, il dénie à certains agens de la force publique le droit de saisir, etc.

Or, qu'avait soutenu la défense qui a précédé l'arrêt? Elle n'a jamais prétendu restreindre le droit d'arrestation au seul cas de flagrant *délit-crime,* comme l'accusation a cru le voir dans l'article incriminé. Loin de là, la défense a constamment soutenu : 1° En principe genéral, que nul ne pouvait être arrêté que dans les cas prévus *par la loi;* 2° Que ces cas étaient *tous ceux où il y avait flagrant délit ou clameur publique;* 3° Que hors ces cas, les domiciliés ne pouvaient pas être arrêtés sans mandat du juge, comme pourraient l'être les vagabonds,

malfaiteurs, gens sans aveu, déserteurs, et autres de ce genre, spécifiés dans les lois et ordonnances sur la gendarmerie; 4° Que toutes
les fois qu'un délinquant était arrêté, il devait, non pas rester à la
discrétion de la police, ou à la disposition de M. le procureur du
Roi, mais être conduit *immédiatement* devant le magistrat; 5° Enfin,
la défense, d'accord avec Isambert, contestait aux officiers de paix tout
caractère légal; et subsidiairement, prétendait que du moins ils n'étaient
pas officiers de police judiciaire.

Maintenant, qu'a fait l'arrêt ?

On remarquera d'abord que le jugement de première instance est mis
au néant; il n'en reste rien : ni pour le dispositif, puisque l'arrêt ab-
sout; ni pour les motifs, qui ont été sévèrement blâmés en deux
points par M. l'avocat-general lui-même; ni quant à l'ordonnance non
promulguée du 25 février 1822, qui ne reparaît pas dans les considerans
de l'arrêt.

Cet arrêt, 1° ne se fonde que sur *les lois*; 2° il juge que les gendarmes et officiers de paix ne sont pas officiers de police judiciaire;
il les déclare seulement *agens de la force publique*; 3° il ne leur recon-
naît le droit d'arrêter les individus que *dans les cas déterminés par les
lois*, et en cela il redit la même chose que la Charte; 4° il ne permet
aux gendarmes et officiers de paix de saisir que les *délinquans*, ce qui
suppose toujours quelque flagrant délit; 5° il ne leur permet d'arrêter
de leur chef que *sur la voie publique*, ce qui met les domiciliés à l'abri
d'un coup de main, dans leurs maisons, où l'on ne peut pénétrer qu'en
observant des formes spéciales; 6° enfin, l'arrêt appose à ce droit
d'arrestation des délinquans sur la voie publique, l'obligation de les
conduire *immédiatement* devant l'officier de police judiciaire; garantie
immense, et toute pareille à celle réclamée par le parlement dans son
célèbre arrêt du 5 mai 1788, où les mots *sans délai* correspondent
parfaitement au mot *immediatament* de l'arrêt de la Cour royale de
Paris.

Et la preuve que ce mot *immédiatement* a grandement déplu à la
police, parce qu'il met un frein à son arbitraire, c'est que l'on a re-
marqué que tous les journaux ministériels qui ont rendu compte de
l'arrêt l'ont supprimé, et que l'*Etoile*, spécialement interpellée au sujet
de cette espèce de falsification du texte, a refusé de le rétablir, et
n'a répondu que par l'annonce inexacte d'un pourvoi en cassation, qui
ne s'est point réalisé.

Veut-on être encore plus convaincu qu'en effet cet arrêt pose des limites légales au droit-d'arrestation ? Il faut considérer à quel point il rend facile de reconnaître à l'avenir quand une arrestation est arbitraire.

Ainsi, un gendarme ou un officier de paix, ont-ils arrêté quelqu'un hors les cas déterminés par les lois ? Sont-ils dans l'impuissance de justifier l'arrestation par un texte ? Cette arrestation est arbitraire.

Ont-ils, sans s'entourer des autorisations requises, et sans se faire assister du magistrat, forcé la demeure d'un citoyen ? On leur repondra : Vous ne pouviez arrêter que *sur la voie publique.*

Ont-ils saisi un citoyen paisible, non coupable de flagrant délit, non poursuivi par la clameur publique, et coupable seulement de leur avoir déplu ? L'arrestation est arbitraire ; celui qu'ils ont arrêté n'était pas un *délinquant.*

Après avoir saisi, même un délinquant, ont-ils négligé de le conduire *immédiatement* devant l'officier de police judiciaire ? L'ont-ils retenu chez eux, à leur bureau, ou ailleurs ? L'ont-ils fait voyager sans ordre du juge ? Ils sont coupables du crime de détention arbitraire.

Voilà toutes les conséquences de l'arrêt. La Cour a donc encore ici rendu un immense service à la liberté individuelle. Sans doute, on n'y trouve pas cette chaleur de rédaction, cette large profession de principes que l'on aime à rencontrer ailleurs, et qui seraient déplacés dans un arrêt ; mais on y trouve, sous la sévérité du langage judiciaire, toutes les garanties de la loi. On a demandé des bornes entre la légalité et l'arbitraire, et la Cour les a posées avec sa sagesse accoutumée.

Cet arrêt n'est pas seulement protecteur de la *liberté individuelle,* il n'est pas moins remarquable sous le rapport de la *liberté de la presse.* Il proclame qu'en cette matière la liberté de discussion est tellement ouverte, qu'il n'y a ni crime ni délit, quand même on aurait erré, si d'ailleurs l'intention de l'écrivain était pure.

Tout ceci n'ôte rien ni au mérite, ni à la vertu d'Isambert, ni au service qu'il a rendu au public, en soulevant le premier la question, ni à la reconnaissance qui lui est due, pour en avoir amené la solution.

IMPRIMERIE DE H. BALZAC, RUE DES MARAIS S.-G. No 17.